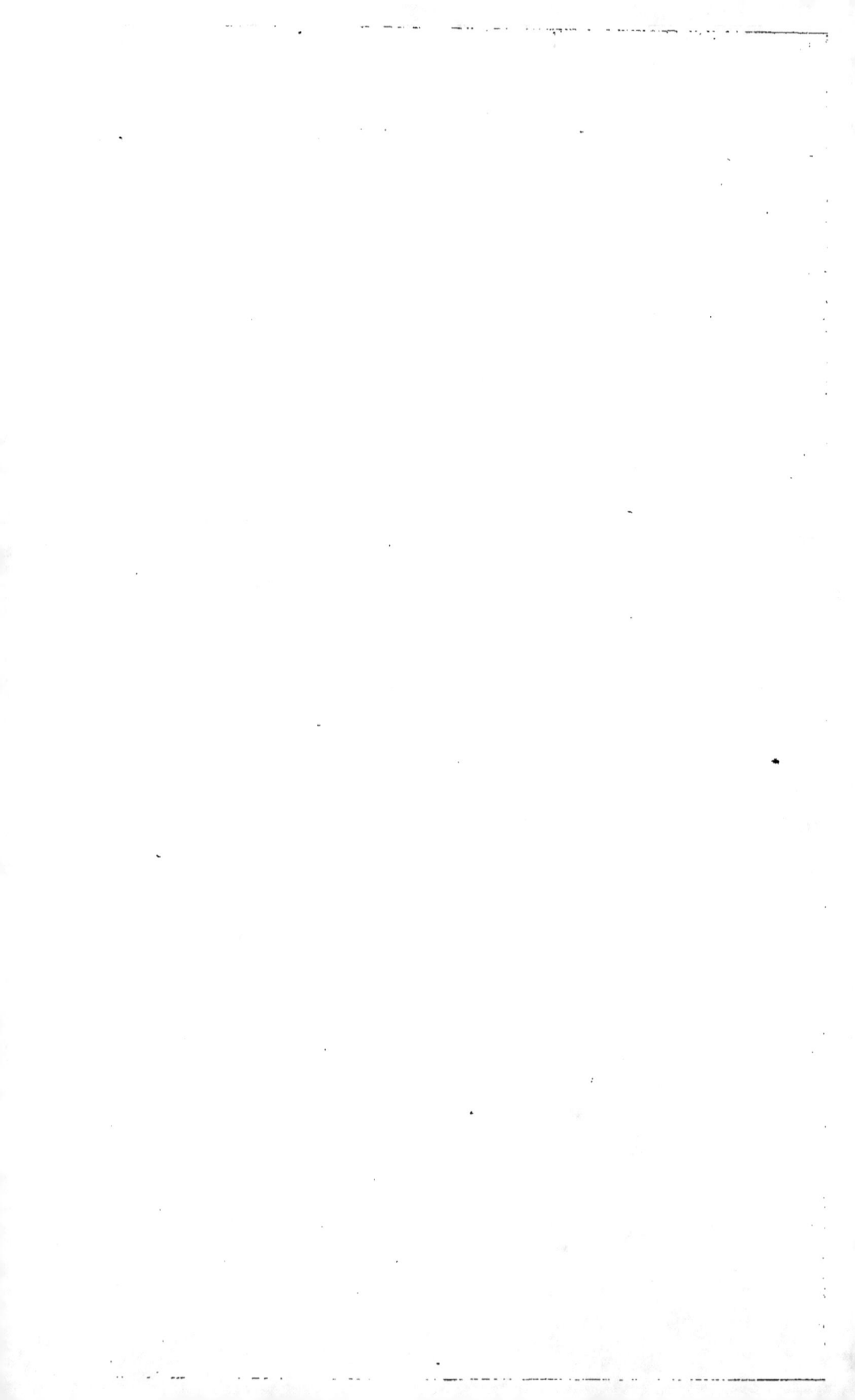

LA

STATUE DE VOLTAIRE

Tours, imprimerie Mazereau & Cie.

LA
STATUE DE VOLTAIRE

QUI LA PAIERA?

SONGE D'UNE NUIT D'ÉTÉ

DÉDIÉ A

M. DE Sᵗᵉ - BEUVE

PAR

P. FRETTÉ

PARIS
LIBRAIRIE CHARLES DOUNIOL, ÉDITEUR
29, rue de Tournon, 29

1868

« Je ne considèrerai la moyenne des esprits tout à fait émancipée en France, et la raison bien assise, même à Paris, que lorsque Voltaire aura sa statue, non pas dans le vestibule ou dans le foyer d'un théâtre, mais en pleine place publique, au soleil. Il faudra encore du temps pour cela. »

Voilà ce qu'écrivait l'an dernier, à la saison fleurie, pendant que s'épanouissaient les primevères et les violettes, pendant que gazouillaient les petits oiseaux dans les rameaux naissants, pendant que toute la nature rajeunie sortait des limbes, des engourdissements et des chaînes de l'hiver, — la plume momentanémeut attachée au service d'un esprit émancipé depuis longtemps, et d'une raison bien assise, il faut le croire.

Lisez le *Constitutionnel* du 14 mai 1866, article : *Variétés*, signé : SAINTE-BEUVE.

A tout seigneur, tout honneur : n'en déplaise à M. Havin, et à sa tribu fidèle.

Oh! prince des indépendants et des critiques, le *Servum*

1

pecus doit reconnaître et saluer ici cette tendresse extrême que vous éprouvez pour tous les *Free-thinkers* (1), et qui s'est étendue un jour, — jour à jamais mémorable! — comme un manteau, — manteau de Diogène, il est vrai, — sur les meurtrissures de M. Renan!

Pourtant, je l'avoue, le 14 mai 1866, j'étais de votre avis, et je disais, me faisant votre écho de grand cœur:

« Il faudra encore du temps! » Qui donc, en effet, paierait cette statue, la statue de Voltaire!!!

Et votre idée m'occupa tellement que je fis un songe.

Vous m'apparûtes aveugle et mendiant comme Bélisaire, mais non pas guerrier comme lui, et vous alliez frapper à certaines portes, pour élever avec le produit des aumônes la statue destinée à vous démontrer de si belles choses. Une voix descendue de je ne sais quelle étoile me dit : « C'est le plus grand critique du dix-neuvième siècle. »

Et, malgré moi, je vous suivais dans vos pérégrinations.

I

En votre qualité d'académicien, vous fîtes naturellement à l'Académie française l'honneur de commencer par elle.

L'Académie française vous répondit :

« Sans doute, Voltaire fut un des nôtres. Mais nos prédécesseurs ne se déterminèrent que difficilement à le recevoir. Peu de temps après son admission, — au lieu de discuter avec convenance, — il traita fort injurieusement Danchet en pleine Académie, à propos d'un point de littérature; et le discret et indulgent Fontenelle, quoique poli et honnête, ne put s'empêcher de lui dire : « Monsieur Voltaire, vous justifiez bien la répugnance que nous avons toujours eue à vous admettre parmi nous. » Plus tard, grâce à ses

(1) Nom des *Libres penseurs* au siècle dernier : c'était une secte anglaise.

intrigues, il triompha, et l'Académie un jour vint à sa rencontre, elle qui ne va pas à la rencontre des rois. Elle fit plus. Elle ne prit pas le deuil quand il mourut, puisqu'elle n'a jamais rendu cet honneur qu'à Voiture; mais elle s'attira par sa conduite, à cette époque, l'aimable article que voici :

« Les académiciens s'étant assemblés pour délibérer sur les moyens de faire faire un service à Voltaire, ont reçu ordre de la Cour d'abandonner ce projet, et de réserver leurs bonnes prières pour une autre occasion. En conséquence l'Académie a arrêté que désormais elle ne ferait plus prier à la mort d'aucun de ses membres. De sorte que cette circonstance va faire époque dans l'Académie. On dira dans la suite que, depuis la mort de l'impie Voltaire, académicien rejeté de la sépulture des chrétiens, et privé des prières de l'Église, l'Académie ne fait plus prier pour ses enfants, *selon l'antique usage*. Il semble que, par la même raison, l'Académie aurait dû statuer qu'aucun de ses membres ne recevra la sépulture ecclésiastique. Cela aurait pu faire tomber le préjugé qui flétrit ceux que l'on en prive; mais cela viendra. » (*Journal historique et littéraire*, 15 juillet 1778.)

Ce n'est pas tout.

Le 25 août 1778, fête de Saint-Louis, l'Académie française tint son assemblée publique ordinaire, et le maréchal de Duras, directeur, lut le programme du prix de poésie que l'Académie devait décerner en 1779. Le sujet était un ouvrage en vers à la louange du feu sieur de Voltaire. Un ami de M. de Voltaire (d'Alembert) avait prié l'Académie d'accepter une somme de 600 livres, qui, jointe à la valeur accoutumée du prix, formait une médaille d'or de 1100 livres.

Là dessus, nouvel article :

« Il est bien difficile de concilier cette annonce avec la défense qu'a faite le gouvernement de parler de Voltaire, *ni directement, ni indirectement*, — défense maintenue avec vigueur, et en conséquence de laquelle on a biffé les éloges de Voltaire contenus dans un journal étranger. Il est plus difficile encore de concilier le choix de ce sujet d'éloges, avec les principes auxquels les membres de l'Académie se font sans doute un devoir d'être inviolablement attachés.....

— Quel orateur eût osé s'aviser de faire l'éloge d'Érostrate à Sparte ou à Athènes ? » (*Journal historique et littéraire*, 1er novembre 1778.)

L'éloge de Voltaire fut composé néanmoins, et l'on prétendit d'abord que le prix avait été remporté par un seigneur russe, M. de Schuwalow, chambellan de l'impératrice de Russie, déjà tristement connu par une épître à Ninon Lenclos, dans laquelle tout ce que la religion et la morale ont consacré depuis l'existence des hommes est condamné et ridiculisé.

Nouvel et troisième article dont nous extrayons uniquement cette phrase :

« Il était naturel que le génie le plus propre à célébrer une fille de joie, le fut aussi à faire l'apothéose de l'auteur de la *Pucelle.* » (*Journ. hist. et litt.*, 1er sept. 1779.)

Mais ce M. de Schuwalow n'était point, à ce qu'il paraît, l'auteur de l'épître à Ninon Lenclos : on lui avait volé son nom, et il refusa de le prêter à M. de La Harpe, après avoir lu son éloge de Voltaire désigné pour le prix académique. M. de La Harpe n'osa pas avouer sa paternité, et le prix passa à M. de Murville, qui avait mérité l'*accessit*.

Le 4 mars 1779, séance publique pour la réception du successeur de Voltaire, M. Ducis.

De là un quatrième article.

Ce fut, disait-on, « une orgie voltairienne où le buste de M. de Voltaire exposé aux regards, son nom et ses œuvres excitèrent des transports dignes des Ménades, tandis que les ombres des Corneille, des Racine, des La Fontaine, des Boileau, des Fénelon, des Bossuet, gémissaient en silence des outrages faits dans un sanctuaire jadis honoré par leur présence et consacré par leur souvenir. Quelques jours auparavant, M. de La Harpe avait produit une pédanterie de collège sous le titre de « *Muses rivales,* » dans laquelle les neuf sœurs se disputaient l'honneur de conduire Voltaire au plus haut du Parnasse, et de le placer, sous le bon plaisir d'Apollon, au dessus de tous les poètes, et nommément de Corneille. » (*Journ. hist. et litt.*, 15 avril 1778.)

A cette occasion, M. Dorat adressa à Corneille une épître peu flatteuse pour notre confrère La Harpe, et à laquelle nous emprunterons, dans l'intérêt de votre instruction, ce léger fragment :

> « Hier, par un peuple empressé,
> Écho d'un très-joli blasphème.
> Je t'ai vu bravement chassé
> Des états créés par toi-même.
> Sur ton trône un autre est placé.
> Chef-d'œuvre d'un ciseau magique.
> Son buste, couronné de fleurs,
> Reproduisait son air caustique
> Aux yeux de ses adorateurs :
> Et, grâce au zèle fanatique,
> Ta pauvre Melpomène antique
> N'a qu'à chercher fortune ailleurs.
> Oui, notre Apollon à bluettes,
> Lui-même encourageant sa cour,
> Était tout couvert de paillettes
> Pour mieux fêter le saint du jour :
> Et, du Pinde les neuf caillettes (les *Muses rivales*).
> Dont tu fus si longtemps l'amour,
> Vinrent, l'adulant tour à tour,
> Lui céder lyres et trompettes.
> Leurs bosquets, jadis révérés,
> Vont se peuplant d'ombres frivoles :
> Les lauriers ne sont plus sacrés :
> Le dieu rampe aux pieds des idoles.
> Tancrède a délogé Cinna ;
> Ta force cède aux grâces molles
> De la tragédie-opéra ;
> Tes héroïnes sont des folles
> Qu'au premier jour on sifflera.
> Et Momus, s'il t'eût trouvé là,
> T'aurait donné des croquignoles.
> Patientons pour le moment ;
> Roi détrôné, que peux-tu faire ?
> L'usurpateur qu'on te préfère
> Se voit proclamé hautement
> Par la milice du parterre :
> Mais tout peut tourner autrement.

Et, si je fais ta centenaire,
Tu verras que notre engoûment
N'était que la fièvre éphémère,
Et le rapide mouvement
D'une nation trop légère,
Juste à la fin par sentiment.
Si ce n'est point par caractère.
C'est alors que ton front divin
Reprendra l'auguste couronne.
Et que ton rival trop hautain
Ira s'asseoir au bas du trône,
Ses *Commentaires* à la main. »

Vous imaginez-vous que tout cela ait été bien agréable à l'Académie? Victime de son engouement pour Voltaire, qui l'avait peuplée de ses adeptes, elle avait commis, le 4 mars, la même erreur que La Harpe.

Veuillez nous dire ensuite si l'Académie n'est pas la protectrice naturelle des gens de lettres? Et comment Voltaire a-t-il traité les gens de lettres? En est-il beaucoup qu'il n'ait pas déchirés de sa griffe cruelle? Corneille, que nous venons de nommer, Racine, Crébillon, Piron, Mafféï, Shakspeare, Bossuet, Fénelon, Massillon, Montesquieu, Lefranc de Pompignan, Jean-Jacques Rousseau,— ce pauvre égaré,— Gresset, et tant d'autres, sont nos témoins irrécusables et immortels. N'a-t-il pas voulu réduire à quatre pages le premier académicien qui ait occupé le douzième fauteuil, Voiture? et J.-B. Rousseau à cinq ou six odes et autant d'épigrammes? et Boileau au *Lutrin* et à l'*Art poétique?* et La Fontaine à trente ou cinquante fables? Dans un poëme déshonoré, n'introduit-il pas, par une invention ignoble, devant le roi Charles VII, une troupe de gens de lettres, ses contemporains, qu'il suppose condamnés aux galères, et qui volent le roi pour le récompenser de les avoir délivrés? A l'âge de dix-huit ans, ayant concouru au prix de l'Académie sans le remporter, ne composa-t-il pas contre l'abbé Dujarry, le lauréat, une satire intitulée *le Bourbier,* dans laquelle il ne ménage pas plus les Académiciens, ses juges, que son vainqueur? N'écrivit-il pas à son correspondant de Paris, auquel il avait demandé le

Recueil des prix de l'Académie des Sciences, et qui lui avait envoyé trente-un volumes :

« Il est impossible, mon cher ami, qu'il y ait trente-un volumes de pièces de l'Académie des Sciences, depuis qu'elle distribue des prix ; il faut que vous ayez pris la *malheureuse Académie française* pour l'Académie des Sciences. On envoya un jour dix-huit cents singes à un homme qui avait demandé dix-huit cygnes pour mettre sur son canal. J'ai bien la mine d'avoir trente-un singes, au lieu de dix-huit cygnes qu'il me fallait. Si l'on a fait, mon cher abbé, ce quiproquo, comme je le présume, il faut vite acheter les pièces qui ont remporté le prix à la *véritable Académie,* et je vous enverrai les *ennuyeux compliments* de la *pauvre Académie française.* Franchement, il serait dur d'avoir des compliments que je ne lis pas, au lieu des bons ouvrages dont j'ai besoin ! »

N'a-t-il pas écrit en 1722, à Thiriot, — un clerc de procureur ! — « J'aime mieux *vos lettres,* mon cher ami, que *toutes les harangues de l'Académie !* »

Et en 1731 : « La place d'académicien est méprisée par les gens qui pensent, respectée encore par la populace, et toujours courue par ceux qui n'ont que de la vanité. »

Et en 1761 : « Je vous donne mon blanc-seing pour ma place à l'Académie, à la première fantaisie que vous aurez de la résigner ; cela sera assez plaisant, et c'est une *facétie qu'il ne faut pas manquer.* Faites la lettre de remercîment, et je vous réponds de la signer.... Que les philosophes véritables fassent une confrérie comme les francs-maçons, qu'ils s'assemblent, qu'ils se soutiennent, qu'ils soient fidèles à la confrérie, et alors, je me fais brûler pour eux. Cette Académie secrète vaudrait mieux que l'Académie d'Athènes, *et toutes celles de Paris;* mais chacun ne songe qu'à soi, et on oublie le premier des devoirs, qui est d'anéantir l'infâme. » (A d'Alembert).

Il est vrai qu'en 1772, il formula un vœu généreux : « Je voudrais que l'Académie fut toujours libre, afin qu'il y ait quelque chose de libre en France. » Mais, l'Académie, libre depuis, était alors son esclave.

Il est vrai encore, qu'en 1746, — pour devenir l'un des nôtres, — il se soumit à tout ce qu'on exigea de lui, et s'humilia jusqu'à écrire au P. Delatour, provincial des jésuites, une lettre où l'on trouve, outre sa profession de foi orthodoxe, l'éloge des jésuites qu'il haïssait, et l'apologie de Boyer, évêque de Mirepoix, académicien qu'il avait fort maltraité jadis. Mais cela ne nous suffit pas. C'était une mauvaise petite comédie jouée aux dépens de nos prédécesseurs; c'est un grief de plus pour nous.

L'auteur du *Testament politique* de Voltaire, qui connaissait l'homme, a caractérisé on ne peut mieux ses sentiments à notre égard, dans ce curieux paragraphe : « Les médailles qu'on a frappées pour moi en différentes villes m'ont paru imparfaites et de mauvais goût. Mon intention est donc qu'on en fasse frapper une nouvelle, et qu'on choisisse la main du plus célèbre artiste. Il en sera donné une d'or du poids de 50 louis à celui qui aura le mieux rempli mes vues dans la composition de l'inscription que j'exige. Je soumets la décision du concours à Messieurs de l'Académie française, mes confrères, qui se connaissent en style lapidaire, comme en toutes autres choses. Je les ai peu vus, mais je les aimais de loin, et j'ai tâché de leur donner l'exemple du travail. Je leur lègue à chacun une de mes médailles en argent, valant au moins quatre jetons, et je les prie d'agréer mon portrait à l'huile, pour avoir dans leur salle d'assemblée le modèle d'un confrère fécond et laborieux. »

Vous le voyez bien : nous ne pouvons décemment contribuer à l'érection de cette statue.

Que répliquer à ce long discours terminé par un refus? Pouvait-on s'attendre à mieux de la part d'une Académie plus fermemnt attachée aux principes aujourd'hui qu'il y a quatre-vingts ans? Ne pensez-vous pas, en effet, qu'au lieu de suivre le siècle et ce qu'on appelle ses progrès, elle semble, tant elle est sage encore de la sagesse traditionnelle, avoir rétrogradé comme l'ombre solaire sur le cadran d'Ézéchias?

Et je vous vis sortir, mais non pas immédiatement du glorieux palais. L'Académie des Sciences morales et politiques vous attirait. Vous vous adressâtes de préférence aux membres de la Section de morale, et de la Section de politique.

Ils vous répondirent :

Sans doute Voltaire connaissait la vraie morale, et la saine politique ; mais il n'en est que plus criminel. Pourquoi tant d'œuvres obscènes, tant de productions scandaleuses ? Pourquoi Jeanne d'Arc transformée en fille perdue et traînée dans la boue ? Pourquoi cette phrase cynique : « à l'égard de la *fornication,* je suis d'autant plus en droit d'approfondir cette matière, que j'y suis *malheureusement* très-désintéressé. » (A d'Alembert, 1755.)

Pourquoi cette théorie détestable : « Qu'est-ce que la vertu, mon ami ?—C'est de nous faire du bien. Fais-nous-en : cela suffit. *Nous te ferons grâce des motifs.* » (Dict. phil.)

Pourquoi ce système ignominieux prêché et suivi pendant toute une vie : « *Le plaisir est le but universel, qui l'attrape a fait son salut.* » (A Berger, 1736.)

Daignez écouter ce passage d'un discours couronné en 1761 : « Si le ciel eût mis dans mon âme quelques étincelles de ce beau feu qui perce la nuit des temps, je ne voudrais pas que les siècles à venir pûssent dire de moi : il eût de grands talents, mais il en fit un abus énorme. Le flambeau du génie n'a été entre ses mains qu'un flambeau destructeur, qui a porté le ravage dans la religion et dans les mœurs. C'est à ses écrits qu'on doit ces maximes licencieuses qui ont affaibli l'esprit de soumission dans les sujets, et ébranlé le trône des souverains, — ces maximes impies qui ont fait déserter les temples de la religion, saper ses autels, et immoler ses ministres au ridicule et au mépris. »

Voilà une appréciation exacte de l'influence morale et politique de Voltaire. Nous ne pouvons décemment contribuer à l'érection de sa statue.

La Section d'histoire n'était pas loin.

Elle vous répondit :

Sans doute, Voltaire passe pour historien; mais il avait d'abominables principes en matière de vérité historique. Il se vantait en 1766, dans une lettre à une de ses amies, d'abandonner aux Bénédictins la critique et les recherches dont le monde savant fait une loi à l'historien. Il lui suffisait, disait-il, de charmer son lecteur. Il lui fallait, de l'avis de son médecin, une transpiration à son esprit comme à son corps, et aussitôt qu'il l'avait provoquée par le café, il s'empressait d'en faire part *à ses amis, les Français,* auxquels on devait servir, *pour les servir dans leur genre,* plus d'*historiettes* que d'*histoires.* Vous comprenez qu'une pareille manière de voir nous blesse d'abord comme Français, et ensuite comme membres de la Section d'histoire.

Nous n'aimons pas non plus à l'entendre dire : « Vos historiens sont de plates gens. » (A d'Alembert, 1764.)

Nos historiens savent que lorsqu'un Français prend la peine d'ouvrir un livre d'histoire, ce n'est pas pour y chercher des historiettes.

Nous avons encore ceci contre Voltaire :

Les différentes histoires qu'il a écrites, son *Dictionnaire philosophique,* sa *Philosophie de l'histoire,* tous ses ouvrages polémiques fourmillent de citations fausses. « Sans livres, sans secours, en quelques après-midi, Labeaumelle a relevé trois cent quarante fautes dans les deux tiers seulement du premier volume du *Siècle de Louis XIV.*

Nous ne pouvons décemment contribuer à l'érection de cette statue.

Vous vous dirigeâtes vers l'Académie des inscriptions et belles-lettres. Vous espériez y rencontrer des adhérens (1) dans la Commission pour l'Histoire littéraire de la France.

Cette Commission vous répondit :

« La fureur d'imprimer est une maladie épidémique qui

(1) MM. Littré et Renan font partie de cette Commission.

ne diminue point. Les infatigables et pesants Bénédictins vont donner en dix volumes *in-folio*, que je ne lirai point, l'Histoire littéraire de la France. *J'aime mieux trente vers de vous* que tout ce que les plus laborieux compilateurs ont jamais écrit. »

Qui donc a dit cela? — Voltaire, en 1733.

Et de quel grand poète préfère-t-il donc *trente vers* à l'*Histoire littéraire de la France* que nous sommes chargés de continuer, et à tout ce que les plus laborieux compilateurs ont jamais écrit? Ce grand poète est un certain M. de Cidéville!

Nous ne pouvons décemment contribuer à l'érection de cette statue.

La Commission des inscriptions et médailles qu'on est en droit de considérer comme la commission philologique, vous répondit:

Pourquoi M. de Voltaire a-t-il affirmé ce qui suit? « Nous avons le nom des trente-deux légions qui faisaient la principale force de l'Empire romain, et assurément la légion thébéenne ne s'y trouve pas. » (*Traité sur la Tolérance.*)

S'il avait consulté la liste dont il parle, il y aurait assurément trouvé le nom de cette légion en dix endroits. Il y aurait lu, sect. VII, que sous Dioclétien, la troisième légion était la Thébéenne : *Tertia diocletiana, Thebæorum.* Cette même légion, se trouve encore dans la section XX. Elle était la seconde sous Flavia Constantia : *Secunda Flavia Constantia, Thebæorum.* Elle conservait le même rang sous Valens : *Secunda Valentis, Thebæorum*, sect. VI. Elle était la première sous ce même Maximien qui la fit massacrer : *Prima Maximiana, Thebæorum.*

Que d'erreurs de ce genre nous aurions à signaler!

Voltaire aussi s'est occupé des langues, mais en homme frivole et par trop charlatan. Il existe un *Extrait des nouvelles de Ferney, dans le pays de Gex,* qui contient à cet égard de terribles révélations.

« Les savants de France justement alarmés du tort que
M. de Voltaire faisait à l'érudition par ses bévues, ses ana-
chronismes, ses fausses citations, ses fausses interpréta-
tions, — comme il appert par plusieurs de ses ouvrages, et
notamment par sa *Philosophie de l'histoire*, — s'assemblèrent
à Paris, pour trouver moyen de remédier à ce désordre. La
matière mise en délibération, ils convinrent qu'on lui dépu-
terait en poste un d'entre eux pour l'interroger juridique-
ment, et juger s'il avait les qualités nécessaires pour former
un bon historien, mais *principalement* pour s'éclaircir *s'il
savait le grec*. M. Larcher fut choisi pour cette importante
commission. Il part accompagné d'un témoin irréprochable,
arrive dans le pays de Gex, et se transporte au domicile du
sieur de Voltaire. Il le trouve occupé au grec, à la vérité,
mais à du grec à côté duquel était une mauvaise traduction.

« Le Monde savant, dit le député, est fort étonné que vous
usurpiez ses droits, sans que vous ayez les connaissances
requises. Vous parlez des écrivains grecs que vous n'enten-
dez pas ; vous employez le mot barbare de *basiloi,* qui n'est
point grec, au lieu de *basileis ;* vous vous servez du mot
despotés sans en avoir la signification ; vous avez souvent le mot
de *demiourgos* à la bouche et vous ignorez ce qu'il veut dire ;
vous prenez le nom de *dynastie* pour celui d'une province ou
contrée. Vous appelez les prêtres égyptiens des *bouteilles ;*
car c'est ce que signifie le mot *choas* que vous leur appliquez ;
vous faites passer à Hercule le détroit de Calpé et d'Abila,
dans son *gobelet*, au lieu de dire qu'il le passa dans un navire
appelé *Scyphus ;* — enfin, vous êtes véhémentement soup-
çonné, par plusieurs de vos citations, de ne pas entendre ce
dont vous voulez parler.

« Le savant du pays de Gex, étonné, se mit aussitôt à
crier : Je suis seigneur de Ferney, gentilhomme ordinaire
de la chambre du Roi, et membre de cent Académies. — Ce
n'est pas ce dont il est question, reprit M. Larcher ; nous
parlons du grec. — Alors l'interrogé entre en fureur, et se
met à crier : Cuistre, faussaire, paillard ! — Ce n'est pas du

méchant français, c'est du grec qu'on vous demande. — L'interrogé répond : Bouc, crasseux, s..... — Je le vois bien, dit M. Larcher, l'étude du grec vient de renverser, dès le commencement, la cervelle à ce pauvre homme. Les députés retournèrent à Paris faire leur rapport juridique, et le monde savant, convaincu que M. de Voltaire était *mentis et græcæ linguæ non compos* (ne disait-il pas encore : *eidolos* pour *eidolon, demonoi* pour *demones, simbollein* pour *simballein ?*) il fut délibéré d'une voix unanime de lui envoyer un rudiment grec, et un répétiteur du collège Mazarin. En attendant, défense à lui de parler jamais de grec. » —

Hélas! pour les mêmes et excellentes raisons, on aurait dû lui faire aussi défense de parler d'Hébreu, de Chaldéen, d'Araméen, de Syriaque, toutes langues qu'il avait la manie d'interpréter, — et que d'autres depuis, peut-être parce qu'il a donné l'exemple, interprètent à tort et à travers.

« Dieu, dit-il quelque part, ne nous demandera pas si nous avons pris un *caph* pour un *béith*, un *ïod* pour un *vau :* il nous jugera sur nos actions, et non sur l'intelligence de la langue hébraïque. »

Et on lui riposta : « Si un écrivain, *avec une connaissance superficielle de cette langue*, avait la témérité de s'élever contre ses oracles (les oracles de Dieu), de calomnier sa parole ; s'il représentait les livres où elle est écrite comme une compilation informe de faits faux, de récits absurdes, d'actions barbares, serait-il innocent à ses yeux ? »

Nous ne pouvons décemment contribuer à l'érection de cette statue.

Alors, l'Académie des inscriptions et belles-lettres tout entière vous rapporta ce texte :

« Je vous garderai le secret : dites-moi quel est le nommé *Foucher*, qui vient, dit-on, de faire un *supplément à la Philosophie de l'histoire !* N'est-il pas de l'*Académie des inscriptions et belles-lettres ?* S'il y a des *Académies de politesse et de raison, je ne crois pas qu'il y soit reçu.* »

Donc, nous ne pouvons décemment contribuer à l'érection de cette statue.

Restait l'Académie des sciences. Elle vous répondit :

« Voltaire eut la prétention de devenir un physicien habile ; il consulta Clairaut sur ses progrès, et Clairaut lui déclara qu'avec un travail opiniâtre, il ne parviendrait qu'à la médiocrité dans les sciences. Il concourut néanmoins pour le prix sur *la Nature et la Propagation du feu*. Ce prix fut remporté par Euler. Assurément, ce ne seraient pas là pour nous de bonnes raisons contre Voltaire. Mais pourquoi a-t-il écrit, en 1777, à M. de la Sauvagère, lui le contemporain de Buffon : « Notre siècle se vante d'étudier l'Histoire naturelle. Hélas ! il n'étudie que des fables contre nature. »

Et en 1759, à d'Alembert :

« De quoi vous avisez-vous de dire, dans vos *Éléments de Philosophie*, que les sciences sont plus redevables aux Français qu'à aucune nation ? Est-ce que vous êtes devenu flatteur ? Est-ce aux Français qu'on doit la machine parallactique, la pompe à feu, la *gravitation*, la connaissance de la lumière, l'inoculation, le semoir, les condons ou condoms ? Parbleu, vous vous moquez ; nous n'avons pas seulement inventé une brouette. »

Qu'eût dit Pascal de ce verbiage anti-patriotique, et surtout de ce qui concerne la gravitation ?

Est-ce une calomnie ? Un journaliste du temps de Voltaire nous parle de son *moitié respect, moitié mépris pour les géomètres*. (*Nouvelles Littéraires*, t. IV.)

Voltaire avait écrit un ouvrage obscur sur la lumière, et un autre fort lourd sur la pesanteur. Ils étaient pleins de fautes qu'il n'avait pas reconnues lui-même, tant il était de bonne foi sur son mérite scientifique. On l'en avait averti amicalement ; mais, en l'avertissant, on n'avait pu lui donner la science nécessaire. Il eût recours à Maupertuis : « Monsieur, j'apprends dans le moment qu'on réimprime mon maudit ouvrage (les *Éléments de Newton, mis à la porte de tout le monde,* selon la malicieuse expression de l'abbé Desfontaines). J'ai déjà corrigé les fautes de l'éditeur sur la lumière; mais si vous vouliez consacrer deux heures à me corriger les miennes, et sur la lumière et sur la pesanteur, vous me rendriez un service dont je ne perdrai jamais le souvenir. » (22 mai 1738.)

Maupertuis rendit le service, et vous n'ignorez point quel souvenir en garda Voltaire. On dirait qu'il n'eût de sérieux comme savant que sa haine contre Maupertuis, qui fut noblement défendu par le roi de Prusse; car il y avait de bons juges à Berlin.

« Je ne plains pas notre président (Maupertuis); il a de commun avec tous les grands hommes d'avoir été envié, d'avoir réduit ses ennemis à inventer contre lui des absurdités; mais je plains *ces malheureux écrivains* (ceci est à l'adresse de Voltaire), *qui s'abandonnent insensément à leurs passions, et que leur méchanceté aveugle au point de trahir en même temps leur frivolité, leur scélératesse et leur ignorance.* — Mais quel temps pensez-vous, Monsieur, que ces gens aient pris pour attaquer notre président? Vous croyez sans doute qu'en braves champions, ils l'ont provoqué au combat pour se battre à armes égales? Non, Monsieur; apprenez à connaître la *lâcheté* et l'*indignité de leur caractère*; ils savent que M. de Maupertuis est depuis six mois attaqué de la poitrine, qu'il crache le sang... que sa faiblesse l'empêche de travailler, et qu'il est plus près de la mort que de la vie.... Voilà le moment qu'ils choisissent pour lui plonger, comme ils le croient, le poignard dans le cœur. »

Une telle conduite était-elle d'accord avec la promesse, et tant de belles paroles que le vent n'a point emportées?

« Je vous aimerai et admirerai toute ma vie. » — « Une tête a beau être couronnée, je ne fais cas que de celles qui pensent comme la vôtre. » — « Vous voilà, Monsieur, comme le Messie; trois rois (l'impératrice de Russie, le roi de Prusse, et Louis XV) courent après vous. »

Oublierons-nous que la mort de M. de Maupertuis n'eut

pas la puissance d'apaiser Voltaire qui fit réimprimer l'amas de ses injures, et, dans son *Siècle de Louis XV*, ne craignit pas d'attaquer les observations de tant d'académiciens sur la figure de la terre, uniquement pour ravir à M. de Maupertuis la gloire de cette découverte? Elle lui appartenait plus qu'à tout autre, puisqu'il avait été le principal instigateur de l'entreprise.

Nous ne pouvons décemment contribuer à l'érection de cette statue.

Mon rêve à ce moment fut troublé par un cri...

qui fit tout disparaître.

II

Pur effet d'une imagination surexcitée!.... Je me rendormis promptement, et, chose singulière, je fis un second rêve qui n'était que la continuation du premier.

Je vis le grand critique, sur le Pont-des-Arts, à l'abri des chevaux et des voitures, tout déconcerté, tout décontenancé, tout désespéré, triste et confus, regrettant la gloire de ses Lundis, et déterminé à y revenir.

Une espèce de fantôme s'approcha de lui, et je crus reconnaître ce nouveau personnage; car

Il me ressemblait comme un frère.

L'OMBRE.

N'avez-vous pas oublié la Section de philosophie?

LE CRITIQUE.

Les philosophes de l'Institut, Monsieur, croyez-vous qu'ils

fermeraient complaisamment les yeux sur le *Dictionnaire philosophique,* la *Philosophie de l'histoire,* et tant d'autres productions suspectes? Croyez-vous qu'ils autoriseraient de leurs suffrages les monstruosités de Voltaire?

« Je prie l'honnête homme qui fera *matière* de bien prouver, que le je ne sais quoi qu'on nomme *matière* peut aussi bien penser que le je ne sais quoi qu'on nomme *esprit.* » (A d'Alembert, 1757.)

« Mandez-moi comment vont les organes pensants de *Rousseau,* et s'il a toujours mal à la glande pinéale. S'il y a une preuve contre l'immatérialité de l'âme, c'est cette maladie du cerveau ; *on a une fluxion sur l'âme comme sur les dents.* Nous sommes de pauvres machines. Adieu! Vous et M. Diderot, vous êtes de belles montres à répétition, et je ne suis plus qu'un vieux tournebroche. » (A d'Alembert, 1757.)

« Le système de ceux qui assurent qu'*il n'y a point d'âme,* — le plus hardi et le plus étonnant de tous, — *est au fond le plus simple.* » (Lettre de Memnius.)

L'OMBRE.

De hautes convenances obligent les philosophes de l'Inssitut à proscrire des erreurs si inconcevables et si navrantes. Mais il est d'autres philosophes moins délicats et moins sévères, moins éloignés de l'audace du maître dont ils ne sont aux yeux du monde que les minces écoliers.

LE CRITIQUE.

Des écoliers!... Rétractez-vous sans délai. Beaucoup d'entre eux trouvent Voltaire très-faible, et conséquemment se croient plus forts que lui. Tous ensuite savent aujourd'hui ce qu'ignoraient leurs devanciers du xviiie siècle : ils savent que Voltaire leur a manqué de respect.

Or, si l'on a dit avec raison :

2

« *Genus irritabile vatûm !* »

On dirait avec plus de raison encore :

« *Genus irritabile philosophorum!....* »

quand les philosophes appartiennent à cette école.....

Il avait trop d'esprit, ce Voltaire; il avait le diable au corps, et il n'a pas eu pitié de ses disciples eux-mêmes. Témoin de leur obséquiosité et de leur servilisme, honoré par eux comme une divinité, il les a appelés d'un nom qui dit tout : *sa livrée!!...* « Je n'ai été fâché contre vous, que parce que vous avez battu *ma livrée.* » (Lettre à Palissot.) Il emploie la même expression dans une lettre de 1765 à Mme du Deffant.

L'OMBRE.

Le mot dit tout, en effet, mais ne dit pas trop.

LE CRITIQUE.

S'il n'y avait que cela ! Mais écoutez donc cette tirade : « *Chiens* de philosophes ! Ils ne valent pas mieux que nos flottes, nos armées, et nos généraux. Je finirai ma vie en me moquant d'eux tous. » (1759.)

L'OMBRE.

Ce n'est guère aimable pour les philosophes. Mais traiter de la sorte nos flottes, nos armées et nos généraux! Il avait pourtant devant lui toute notre histoire. Et de plus, il était le contemporain des victoires de Parme, Guastalla, Fontenoy, Rocoux, Hastimbeck, et de la prise de Milan, Tortone, Novare, Menin, Courtray, Ypres, Fribourg, Berg-op-Zoom, Maëstrich.

Il était le contemporain de ce chevalier d'Assas, qui

immola froidement sa vie à son devoir : « A moi! d'Au-
vergne, voilà l'ennemi! »

Il était le contemporain de ce grenadier de Rosbach, qui
combattait encore après la perte de la bataille, seul contre six
hussards, et auquel un officier prussien ne put s'empêcher
de dire : « Si le roi avait 50,000 soldats comme toi, l'Europe
n'aurait que deux rois, Frédéric et Louis. »

Il était le contemporain de cet autre grenadier qui, lorsque
le maréchal de Belle-Isle demandait cinquante volontaires
pour tenter l'assaut d'un fort, offrant cinquante louis à par-
tager après l'attaque, lui répondit : « Mon général, c'est trop
chaud pour de l'argent, mais commandez! »

Il était le contemporain de ces grenadiers à cheval dont
Louis XV disait à lord Stanley, un jour de revue : « Vous
voyez là les plus braves gens de mon royaume : il n'y en a
pas un qui ne soit couvert de blessures. » — « Et que doit
penser Votre Majesté de ceux qui les ont blessés? » demanda
lord Stanley. — Un vieux brigadier répondit : « Ils sont
morts! »

Il était le contemporain de ce soldat de Berg-op-Zoom, qui
sortit précipitamment du débouché pour se rendre à la queue
de la tranchée. — « Où va ce soldat? » cria le général. —
« Je vais mourir! » Il fit quelques pas, et mourut.

O père qui n'aviez que ce fils et ne pouvez en espérer
d'autres, — ou qui le préfériez à tous, comme un souvenir
vivant et sacré de votre printemps évanoui, et le premier
gage d'une tendresse que Dieu avait bénie, — à l'heure de
la séparation vous avez courageusement dissimulé vos an-
goisses; et depuis, courbé sur un travail vulgaire et ingrat,
ou défrichant le sol, vous continuez à suivre ici-bas votre
route obscure! — Et vous, mère endurcie à la fatigue, qui
l'avez pleuré et le pleurez encore, et dont l'oreille anxieuse
épie maintenant tous les discours de la politique des campagnes, et voudrait deviner, à cause de lui, le secret des marches
et des contre-marches des nations dans la nuit de ce monde!
— Et vous, fille du peuple, sa sœur, qui avez grandi avec lui

sous le même toit, mangeant le même pain grossier si chè-
rement payé par des sueurs, et si largement mesuré par un
amour résolu pour vous à toutes les privations et à tous les
sacrifices! — Vous, sa fiancée, qui ne donnez pas tort à l'ab-
sent, et qui, incertaine de le revoir, mais le jugeant fidèle,
subissez sans vous plaindre l'outrage que les années vous
font aux yeux des autres, et l'attendez toujours! — Où donc
est-il? Hier, il était au camp; aujourd'hui, il est à la frontière. Avant-hier, il était à l'Alma, à Inkerman, à Sébastopol,
à Magenta, à Marengo, à Solferino. Les balles pleuvaient; les
canons vomissaient les boulets et la mitraille; les blessés et
les morts tombaient innombrables et confondus. Mais lui,
brûlé par la poudre, fier comme un lion, intrépide comme
un héros, rayonnant comme un martyr, — au milieu des
cris de détresse et des clameurs du combat, — glissant dans
le sang ou heurtant du pied des corps renversés à terre,
emporté dans un nuage de fumée, presque aveugle, il bon-
dissait en avant conduit par la voix, l'épée et l'exemple de
ses chefs. Il montait à l'assaut; ou, courant dans la plaine,
oublieux de vous tous qui ne l'oublierez jamais, et de tout le
reste excepté de la patrie et de l'honneur, il cherchait à travers des poitrines ennemies, en exposant la sienne, le drapeau étranger qu'il devait contraindre à saluer le drapeau de
la France. — Les voilà vos fils, vos frères, vos fiancés! Voilà
ceux que Voltaire appelle *des chiens!* Et les officiers, les généraux, les maréchaux qui les commandent, sont pour Voltaire
des *piqueurs de chiens!* En 1758, une guerre terrible était en-
gagée entre la France et la Prusse, et Voltaire écrivait: « Si *les
Français,* les Russes, les Autrichiens, les Suédois ne *piquent
pas mieux leurs chiens,* ils ne forceront pas la proie qu'ils
chassent. » (A Collini).

Chose affreuse! il avait écrit en 1757 à d'Alembert, après
Rosbach : « Le roi de Prusse a obtenu ce qu'il a toujours
désiré, *de battre les Français... et de se moquer d'eux;* mais
les Autrichiens se moquent sérieusement de lui. *Notre honte
du 5 lui a donné de la gloire;* mais il faudra qu'il se contente

de cette gloire passagère *trop aisément achetée.* Il perdra ses
États avec ceux qu'il a pris, à moins que les Français ne
trouvent encore le secret de perdre toutes leurs armées, comme
ils firent dans la guerre de 1741. »

Ce n'est point ainsi que parle des Français vaincus un
poète qui ne s'est point soustrait par ailleurs à votre détestable influence :

> « *Sans qu'à tes yeux leur gloire en soit flétrie,*
> De tes enfants l'étendard s'est brisé.
> Quand la fortune outrageait leur vaillance,
> Quand de tes mains tombait ton sceptre d'or,
> Tes ennemis disaient encor :
> « Honneur aux enfants de la France! »

LE CRITIQUE.

Revenons à nos philosophes. Voltaire en faisait si peu de
cas, qu'il écrivit à d'Alembert, en 1752 : « Paris abonde de
barbouilleurs de papier ; mais de philosophes éloquents, je
ne connais que vous (d'Alembert) et lui (Diderot.) »

Il eut l'impertinence de reprocher, de Ferney, leur inertie
et leur silence à quelques-uns d'entre eux qui demeuraient
à Paris. Ils lui répondirent qu'il était aisé de parler et d'écrire
dans un château, hors du royaume, avec cent mille livres de
rentes; mais qu'il serait discret, s'il demeurait dans la rue
de M. le procureur général, ou près de la Bastille.

L'OMBRE.

Les philosophes n'étaient donc pas contents de Voltaire?

LE CRITIQUE.

Il n'avaient pas lieu de l'être. Lui cependant, ne dédai-
gnait pas, à l'occasion, de les nommer ses frères… « *ses frères
en Béelzébuth.* »

L'OMBRE.

Pourquoi donc, d'autre part, les a-t-il mis, en les injuriant, dans la nécessité de refuser par respect pour eux-mêmes leur obole à sa statue? Mais j'y pense, vous pourriez vous adresser aux athées. Un athée n'est pas un philosophe.

LE CRITIQUE.

Non, un athée n'est pas un philosophe... bien qu'il soit juste de laisser à chacun son opinion et sa manière de voir, de parler et d'écrire (1); mais les athées n'ont pas à se louer de Voltaire.

Voltaire a dit :

« Je ne voudrais pas avoir affaire à un prince athée, qui trouverait son intérêt à me faire piler dans un mortier; je suis bien sûr que je serais pilé. Je ne voudrais pas, si j'étais souverain, avoir affaire à des courtisans athées, dont l'intérêt serait de m'empoisonner; il me faudrait prendre au hasard du contre-poison tous les jours. » (D. Ph. *Athée.*)

« L'athée fourbe, ingrat, calomniateur, brigand, sanguinaire, raisonne et agit conséquemment, s'il est sûr de l'impunité de la part des hommes. Si le monde était gouverné par des athées, il vaudrait autant être sous l'empire immédiat de ces esprits infernaux, qu'on nous peint acharnés contre leurs victimes. » (Homélie sur l'*Athéisme.*)

L'OMBRE.

Que de bonnes choses il a dites ! Et quel dommage qu'il en ait tant dit de mauvaises et de si mauvaises !!! Il a passé sa vie à se contredire sur toutes choses, et, malheureusement,

---

(1) Nous laissons à M. Sainte-Beuve toute la responsabilité de cette doctrine, condamnée par les Encyclopédistes eux-mêmes.

son idée fixe était détestable. — Mais, puisque nous n'avons pas à compter sur Messieurs les athées, s'il y en a, hâtons-nous de rentrer dans le sein d'une religion quelconque. Je ne vous conseille pas le catholicisme, par exemple, — ni même le christianisme, quel qu'il soit.

LE CRITIQUE.

Je vois que vous connaissez la formule : « Écrasons l'infâme ! »

En 1767, Voltaire écrivait au roi de Prusse : « Je ne serais pas fâché de voir des Hercules et des Bellérophons délivrer la terre des brigands et des chimères catholiques. »

Il a écrit dans un autre endroit :

« Il est évident que la religion chrétienne est un filet dans lequel les fripons ont enveloppé les sots pendant plus de dix-sept siècles, et un poignard dont les fanatiques ont égorgé leurs frères pendant plus de quatorze. » (DIALOGUE entre un chrétien, un samaritain et un juif.)

Je vous citerais une multitude de textes semblables.

« Je suis las de leur entendre dire que douze hommes ont suffi pour établir le christianisme, et j'ai envie de leur prouver qu'il n'en faut qu'un pour le détruire. » (*Vie de Voltaire*, par Condorcet.)

Et il tenta l'épreuve sans douter de la réussite.

« Hérault disait un jour à un des frères : « Vous ne détruirez pas la religion chrétienne. — C'est ce que nous verrons, dit l'autre. » (A d'Alembert, 1766.) ..... L'autre, c'était lui-même.

L'OMBRE.

Ainsi nous sommes d'accord, et cela me contrarie en un sens..... en ce sens qu'il n'y a plus d'espoir pour vous du côté de la Sorbonne.

LE CRITIQUE.

Je le crois certes bien! Toute religion écartée du débat, la
nouvelle Sorbonne se souviendrait de son aînée, et que n'en
a pas dit Voltaire!

« Je réponds de *Coge pecus* (l'*abbé Cogé*); il ne craint ni
la honte ni *l'indignation publiques,* et lorsqu'il *en sera couvert,* vous ne refuserez pas, Messieurs, de lui accorder le
bonnet (de docteur en Sorbonne); il l'aura bien mérité.
Ainsi parla le syndic, et ce ne fut qu'un cri d'applaudisse-
ment dans toute l'assemblée (la Sorbonne.) »

« Dieu maintienne votre Sorbonne dans la fange où elle
barbotte. » (1757.)

« J'espère qu'il viendra un temps où on sèmera du sel sur
les ruines du tripot où s'assemble la sacrée faculté. » (1767.)

« Je reconnais le doigt de Dieu dans la bêtise de la Sorbonne; ces ignorants sont l'opprobre de la France, et le
général Bélisaire reviendra d'Aix-la-Chapelle leur tirer leurs
longues oreilles. » (1767.)

L'OMBRE.

Assez, assez, je vous prie; sortons du christianisme. Vous
sentez-vous le courage d'aller chez les Turcs?

LE CRITIQUE.

Les Turcs!! vous n'avez donc pas lu la lettre au pape
Benoît XIV?

« Très-saint Père,

« Votre Sainteté voudra bien pardonner la liberté que
prend un des derniers fidèles de consacrer au chef de la
véritable religion un écrit contre le fondateur d'une *religion*

fausse et barbare. A qui pourrai-je plus convenablement adresser la satire de *la cruauté et des erreurs d'un faux prophète,* qu'au vicaire et à l'imitateur du Dieu de la vérité et de la douceur, etc... » — Cette épître a pourtant fait assez de bruit. —

Les Turcs, dans ce moment-ci surtout, auraient encore à m'opposer une phrase qui néanmoins a du bon : « Les affaires des Turcs vont mal ; je voudrais bien que ces *marauds-là* fussent chassés du pays de Périclès et de Platon ; il est vrai qu'ils ne sont pas persécuteurs ; mais ils sont *abrutisseurs.* Dieu nous défasse des uns et des autres. » (1769.)

L'OMBRE.

Laissons-donc les Turcs. Je ne vous propose pas les Juifs ; car j'ai fait mes délices des *Lettres* de quelques-uns d'entre eux à M. de Voltaire. Cet énergumène avait toute une légion dans le ventre ; il n'a épargné ni leur Moïse, ni leurs livres sacrés, ni leurs lois, ni leur culte, ni leurs juges, ni leurs rois, ni leurs sages, ni leurs héros, ni leurs prêtres.

« Un libraire, nommé Rigolet, a imprimé à Lyon une petite brochure dans laquelle l'auteur se moque également des *prêtres* de *Juda* et des prêtres de Baal : c'est toujours bien fait ! Plus on rend tous ces gens-là ridicules, plus on mérite du genre humain. » (1760.)

LE CRITIQUE.

Vous ne me citez pas le plus fort écrit en 1764, à l'occasion de son *Traité sur la Tolérance.* Il y parle « du petit peuple juif, le plus barbare et le plus abominable de tous les peuples, tout absurde, tout atroce, tout sot ; » il y appelle les Juifs « les tigres et les loups de la Palestine ; » il y déclare que, dans les notes, « il voulait rendre les Juifs exécrables. »

L'OMBRE.

Que faire? Vous allez être obligé de parcourir la Chine, la Cochinchine, le Tonking, le Thibet, la Perse, etc.....

LE CRITIQUE.

Non vraiment! Voltaire m'en exempte.

« Vous faites *trop d'honneur* aux prédicants Sociniens. Les Sociniens de Genève, et les Calvinistes de Lausanne, et les *Fakirs et les Bonzes sont tous de la même espèce.* » (1759.)

« Sire, la secte du Dieu Fô s'est introduite dans votre empire par des *charlatans* qui ont *séduit la populace.* » (1768.)

« Des lamas et des bonzes qui prétendent que..... disent une sottise..... Les Brames, qui ont des opinions un peu moins absurdes et non moins fausses, auraient également tort de commander de les croire, quand même elles pourraient avoir quelque lueur de vraisemblance, car l'Être Suprême ne peut juger les hommes sur les opinions d'un Brame. » (1768.)

L'OMBRE.

Je vous dispense de tout autre texte. J'en sais de plus formels. Voltaire s'est moqué de toutes les religions; et comme les sauvages eux-mêmes en ont une, parce qu'ils sont des hommes, et que l'homme — étant de sa nature un animal raisonnable — est partout et sous tous les cieux de l'Univers un *animal religieux,* — les sauvages eux-mêmes oublieraient que Voltaire a condamné ceux qui leur donnent ce nom, et, mûs par leur sentiment religieux, le plus noble et le plus énergique de tous les sentiments de notre cœur, ils refuseraient de contribuer à l'érection de cette statue. Vous n'avez rien à attendre, si ce n'est des hommes dénaturés qui ont cessé d'être religieux, et par conséquent raisonnables. Retournez donc en votre logis, et envoyez-nous de là, comme autrefois, de charmants et inattaquables témoignages de votre loyal attachement aux belles-lettres.

LE CRITIQUE.

Je ne puis m'y résoudre; car maintenant vous avez mis en jeu mon amour-propre. — L'homme est un animal religieux..... soit!..... mais certains hommes sont des animaux tolérants, et feront bon marché de la question religieuse.

L'OMBRE.

Je voudrais savoir où vous les prendrez, ces animaux tolérants, — dans l'espèce à laquelle nous appartenons l'un et l'autre. — J'en ai connu plusieurs qui se vantaient *ante tempus*; mais, *tempore tentationis*, ils succombaient et devenaient impitoyables. On fait l'éloge de la tolérance, on reproche aux autres de ne pas l'avoir, on se glorifie de l'avoir soi-même..... mais attendez la fin!

LE CRITIQUE.

Je suis presque de votre avis; toutefois, ne le dites à personne, et confessez à votre tour que beaucoup d'intolérants réels, saisiraient avec empressement, si je la leur offrais, l'occasion de faire de la tolérance sans péril et sans douleur.

L'OMBRE.

Oui, je crois qu'ils vous feraient l'aumône, s'ils n'avaient d'autres motifs de vous répondre par un refus. Tenez! pour que vous en ayez le cœur net, je veux entreprendre avec vous une seconde petite revue.

III

L'OMBRE.

Comptez-vous sur les magistrats?

LE CRITIQUE.

Pas trop! Ils se considèrent comme les héritiers des anciens Parlements, et s'en font un titre de gloire. Or, Voltaire et les anciens Parlements n'étaient pas d'accord. Les anciens Parlements condamnaient aux flammes les œuvres scandaleuses de Voltaire, et Voltaire a écrit l'histoire de ses juges pour se venger. Il appelle les membres les plus vénérables d'un des Parlements du royaume : « de vieilles têtes rongées par la teigne de la barbarie. » (1769.) Il dit de tous : « Il semble qu'il y ait des gens faits pour perpétuer la barbarie, et pour combattre le sens commun. » (1769.) — « Pendant la guerre des Parlements et des évêques, les gens raisonnables ont beau jeu. Quand les *pédants* se battent, les philosophes triomphent. » (1756.) — « Je pense que voici le temps de faire sentir aux *pédants* en rabat, en perruque, en cornette, qu'on les *brave* autant qu'on les *méprise*. » (1762.) — « C'est une misérable consolation d'apprendre que des *monstres* sont abhorrés. » (1766.) — « D'autres étaient conservateurs d'anciens usages barbares contre lesquels la nature effrayée réclamait à haute voix. Ils ne consultaient que leurs registres rongés des vers. S'ils y voyaient une coutume insensée, horrible, ils la regardaient comme une loi sacrée. C'est par cette lâche habitude de n'oser penser par eux-mêmes, et de puiser leurs idées dans les débris des temps où l'on ne pensait pas, que dans la ville des plaisirs il y avait des mœurs atroces. » (*Mél. Phil.*, t. VI.) — Ce sont « des *fripons et des sots.* » (1759.) — Il se vante d'avoir humilié au moins trois de ces Parlements : « Voici trois Parlements du royaume que j'ai un peu saboulés, Paris, Toulouse et Dijon. » (1763.) — Comment les aimerait-il ? « Je ne suis point du tout attaché à des corps qui ont fait du mal ; et puis, d'ailleurs, comment aimer une compagnie ? » (1774.) — Vous êtes convaincu peut-être que les « MÉMOIRES DE CALAS, » dont Voltaire appelle quelque part la veuve « une imbécile », ont été composés uniquement dans l'intérêt de l'innocence ; détrompez-vous ! « Ils ne sont faits que pour préparer les esprits, pour acquérir des protecteurs, et pour avoir le plaisir de rendre DES PARLEMENTS et des pénitents blancs EXÉCRABLES ET RIDICULES. » (1762.)

L'OMBRE.

Et l'Université ?

LE CRITIQUE.

La nôtre est de date récente, mais ne peut, sans honte, souffrir qu'on outrage son ancienne. Or, Voltaire a traité de « *domestique* » un professeur honnête et érudit de l'ancienne Université de Paris. Il a écrit en 1767 : « Gardez-vous bien de recevoir jamais dans l'Académie un seul homme de l'Université. »

En 1771 : « L'abbé Delille est un homme sociable, un philosophe et un homme ferme..... Mais il est de l'Université, et je crains toujours que ces gens-là ne soient des Riballier, des Cogé, des Tamponnet,.... » c'est-à-dire, pour lui Voltaire, des hommes méprisables.

Et en 1764 : « Vous serez les esclaves de l'Université avant qu'il soit deux ans. Les Jésuites étaient nécessaires; ils faisaient diversion; on se moquait d'eux, et on va être écrasé par *pédants qui n'inspireront que l'indignation.* »

L'OMBRE.

Point d'universitaires! — Mais vous avez les journalistes ?

LE CRITIQUE.

Y pensez-vous? Il y en avait de son temps, et il lui est arrivé maintes fois de les appeler « des folliculaires. » Et que dit-il des folliculaires?

« C'est une chose remarquable dans l'histoire de l'esprit humain que tant d'écrivains folliculaires soient des..... » (Le latin même ici ne saurait braver pour des Français l'infâme malhonnêteté du mot.) — Voltaire continue : » J'en ai cherché la raison : « Il m'a paru que les folliculaires sont pour la plupart des crasseux chassés des colléges. » C'est bien à des journalistes qu'il adresse de telles injures.

L'OMBRE.

Il vous reste du moins les libraires et les imprimeurs, Voltaire ne les a-t-il pas enrichis? N'a-t-il pas fait gagner 400,000 francs aux frères Cramer?

LE CRITIQUE.

S'ils étaient encore de ce monde, les frères Cramer n'auraient rien à me refuser, et ne me refuseraient rien. Ils ont fait, pour être agréable à Voltaire, une chose vile sur laquelle je ne m'explique pas davantage, et qui m'est un garant de ce dont ils seraient capables aujourd'hui. Mais la mort en épargnant les livres, même les mauvais, n'épargne pas les imprimeurs, ni les libraires. Et — les frères Cramer exceptés, pour des motifs tout personnels et qui les honorent plus ou moins — je ne vois pas que les libraires et les imprimeurs aient beaucoup à se louer de Voltaire. Il ne manquait jamais de parler des vassaux qu'il nourrissait, pour étouffer les cris des libraires qu'il ruinait. « Qu'est pour les libraires l'écrivain contre lequel tous les libraires élèvent la voix? » (Labeaumelle). — Dans sa correspondance il a recours contre les libraires à toutes sortes de gens puissants, ou en place.

« J'ai toujours méprisé les ingrats Israélites, et je méprise également le peuple typographique qui est composé de juifs modernes aussi avides, et aussi artificieux que leurs prédécesseurs. » (*Test. polit.*)

« J'ai eu le bonheur de faire le charme de Paris, tandis que les libraires faisaient le tourment de ma vie, et me déchiraient à l'envi à belles dents. » (*Test. polit.*)

« Je désire que mon buste en pierre soit mis au bureau de la chambre syndicale des libraires de Paris. Je ne craindrai plus leur cupidité indécente, et ils oublieront charitablement, en voyant ce signe de réconciliation, les reproches que je leur ai perpétuellement faits sur leurs filouteries raffinées, et leur rapacité. » (*Test. polit.*)

Jorre, imprimeur-libraire à Rouen, le cacha pendant sept mois dans sa maison, et, pour l'en récompenser, Voltaire manœuvra de manière à le faire destituer de sa maîtrise, à le faire déclarer incapable d'être jamais imprimeur ni libraire. Il devait à ce Jorre 140 pistoles, et ne voulait pas les lui payer. Jorre intenta un procès en 1735, et publia un mémoire tel, que Voltaire, afin d'en obtenir la suppression, s'arrangea immédiatement, et pensionna depuis sa victime. Mais il gardait rancune, et l'auteur du *Testament politique* y inséra cette clause maligne :

« Si Jorre, anciennement libraire à Rouen, n'est pas mort

de misère ou autrement, je lui laisse une pension viagère de 500 livres hypothéquée spécialement sur les billets de banque qui me sont restés après le système (de Law) ! »

L'OMBRE.

Une hypothèque sur la banqueroute ! c'est ingénieux, et si ce n'est du Voltaire, c'est digne de lui. Comme il a raison de se plaindre ensuite de « ces coquins de libraires de Berlin et de la Haye ! » (1754) — et d'écrire : « A propos de votre libraire de l'*Abeille*, envoyez-moi chercher ce *frélon* ! » (1752.) — Et, faisant allusion à des engagements que Diderot avait pris, et entendait respecter : « des engagements avec des libraires !... Est-ce bien à un grand homme à dépendre des libraires ? » (1758.) — Et à Berger : « Je fais partir, par cet ordinaire, la pièce et la préface, pour être imprimées par le libraire qui en offrira davantage, car je ne veux *faire plaisir à aucun de ces messieurs* qui sont créés par les auteurs, et très-ingrats envers leurs créateurs... Ainsi, négociez avec le libraire le *moins fripon* et le *moins ignorant que faire se pourra.* » (1736.) — Et à d'Alembert : « J'ai peur que la librairie ne soit devenue un brigandage. » (1769.) — « Vous avez enrichi les libraires ; vous voyez qu'ils n'en sont pas plus modestes. » (1770.)

LE CRITIQUE.

Il l'était lui, quand il souffletait le libraire de Francfort, Vauduren, parce que ce libraire lui avait apporté sa note ! Et sa conduite à l'égard des libraires n'était pas un *brigandage*. Au début de sa carrière, il faisait imprimer à ses frais ses ouvrages ; lorsqu'un certain nombre d'exemplaires était écoulé, il cédait le surplus de l'édition à un libraire ; puis, à la faveur de quelques changements légers, il publiait sans retard une édition nouvelle. Il vendait souvent ses livres à deux ou trois imprimeurs à la fois. En 1775, il entreprit la chute de toutes les éditions précédentes de ses œuvres, et par conséquent la ruine de plus d'un libraire. Il annonça une édition en 40 vol. in-8, ornée de 76 jolies gravures, sur beau papier fabriqué exprès, avec caractères neufs, encadrure du texte, et un ordre parfait : tels sont les avantages de cette édition qui devait faire tomber toutes les autres. Ces braves gens de libraires et d'imprimeurs n'auraient guère d'esprit de corps ni de fierté s'ils contribuaient à l'érection de la statue de qui les a si fort maltraités.

L'OMBRE.

Pourquoi n'iriez-vous pas aux comédiens? Voltaire a écrit l'apothéose d'une comédienne; il a illustré la scène française; il a favorisé beaucoup de comédiens; il a fondé un théâtre *aux Délices;* il aimait à jouer et à faire jouer la comédie en famille.

LE CRITIQUE.

Oui, mais il a écrit aussi des lettres aux grands et aux ministres contre les comédiens dont la malice l'obsédait; il a mis les comédiens sur la même ligne que les libraires..... « qui sont, *comme les comédiens,* créés par les auteurs, et très-ingrats envers leurs créateurs. » (à Berger, 1731.) — En 1762, il écrivait : « Je n'ai pas grande foi au goût de Le Kain (1). » — Il faut bien qu'il ait eu quelque aventure désagréable avec les comédiens; car je trouve de petits vers ironiques relatifs à son couronnement en 1778.

> « Tirons donc vers la comédie.
> Là seront peints en effigie
> Poisson le fils et Beauregard
> Dont Arouet, avec son dard
> Pourra balafrer la peinture,
> En troc de certaine blessure
> Que son visage eût de leur part. »

(1) Le premier comédien du temps.

Ce Poisson fils, et ce Beauregard, étaient, ce me semble, des comédiens, et Voltaire poursuivit impitoyablement Beauregard en 1722; il l'appelait, dans une lettre du 11 septembre, à Thiriot : « l'*homme aux menottes ;* » et il tenait à « happer le coquin » et à en « poursuivre la punition » lui-même « *aidé du secours de ses amis.* » — Puis, les tribunaux devaient le venger, s'il n'y avait pas d'autre moyen. « Je rôde dans la Sologne, à la piste de l'homme en question. Cependant j'ai chargé Dumoulin de poursuivre criminellement l'affaire, *afin que, si je ne puis avoir raison par moi-même,* la *justice me la fasse.* On me mande que M. le garde des sceaux est fort malade. Il me rend service dans mon affaire; vous verrez que je *serai assez malheureux pour qu'il meure.* »

L'OMBRE.

On s'aperçoit bien à cette rage que la vengeance est divine, mais je persiste à vous conseiller les comédiens. Vous invoquez l'année 1778; et moi aussi je l'invoque. Cette année-là, le 3 février, Voltaire quitta Ferney pour n'y plus revenir; il arriva à Paris le 10 du même mois. L'Académie s'empressa de lui envoyer une députation de trois membres.

Les comédiens firent comme l'Académie, et Voltaire — en répondant au discours du comédien Bellecour — dit aux comédiens ce qu'il ne dit pas aux académiciens : « Désormais, je ne vivrai que par vous et pour vous; je ne vis, Messieurs, que par vous et pour vous. » La même année, à la sixième représentation d'*Irène,* pendant que Voltaire — en entrant dans la loge des gentilshommes de la chambre — saluait le public, le comédien Brizard lui plaça sur la tête une couronne de lauriers. Après la pièce, la toile se leva, et laissa voir tous les acteurs et toutes les actrices, avec leurs habits de caractère, rangés en cercle autour du buste de l'auteur, et tenant à la main chacun une couronne de lau-

riers. Ces couronnes furent placées l'une après l'autre sur la
tête du buste de Voltaire, et l'on se mit à genoux devant ce
buste qui fut baisé solennellement par Mlle Cannier. La
comédienne Vestris termina la cérémonie en lisant des vers
du marquis de Saint-Marc. Voici les quatre derniers de ces
vers :

> « Voltaire, reçois la couronne
> Que l'on vient de te présenter ;
> Il est beau de la mériter
> Quand c'est la France qui la donne. »

J'ignore si la France d'alors entendit avec plaisir des
comédiens se vanter d'être sa personnification ; mais je sais
que cette France — si elle ne couronna pas réellement
Voltaire — ne tarda pas, par une suite logique et naturelle
de la néfaste influence de cet homme, à découronner et
même à décapiter un juste, un vrai roi, Louis XVI. Quant
aux comédiens, ils seront, je le crois, fidèles à leurs tradi-
tions. Ils ont aimé Voltaire qui les a déchirés et flattés,
comme il a déchiré et flatté tout le monde ; — ils l'aimeront
encore. Voltaire, dit-on, jouait assez mal la comédie des
comédiens ; il n'en était pas moins en somme, et en toutes
choses, le premier comédien de son siècle et de tous les
siècles, de son pays et de tous les pays de l'univers.

LE CRITIQUE.

En y réfléchissant, je pense comme vous que des comédiens peuvent et doivent pardonner beaucoup à un comédien de la force et de la persévérance de Voltaire. Mais les
Français d'aujourd'hui n'ont pas moins de dignité que les
Français de 1778, et en 1778 les petits vers du couronnement
de Voltaire ne furent pas précisément acceptés par toute la
France. On mit en vente à Paris une estampe de dix pouces
de haut sur huit de large, représentant Voltaire couronné
par les comédiens français, le 30 mars. On lisait au bas

deux vers bien différents de ceux du marquis de Saint-Marc.

Au lieu de :

> Il est beau de la mériter
> Quand c'est la France qui la donne.

Il y avait :

> Il est beau de la recevoir
> Quand c'est Arlequin qui la donne!

En effet, Arlequin déposait une couronne de laurier sur la tête de Voltaire. Le buste du poète était dessiné au milieu; à sa droite, la Folie, agenouillée avec tous ses attributs, la marotte et les grelots, jouait du tambourin; à gauche, Paillasse prosterné témoignait son admiration par l'attitude la plus respectueuse. Voulez-vous que nous courions la chance de lire un matin sur le piédestal de notre statue payée par les comédiens :

> Il est beau de la mériter
> Quand c'est Arlequin qui la donne!

L'OMBRE.

Eh bien ! non.... d'autant plus que les comédiens de 1778 ne connaissaient pas leur Voltaire. Nos comédiens de 1867, éclairés sur les vilenies et les turpitudes du singe refuseront peut-être de donner.

LE CRITIQUE.

La comédie italienne m'éconduirait avec politesse, je le suppose; car Voltaire l'a peu ménagée.

Ecoutez l'auteur du *Testament politique :*

« Je charge mon exécuteur testamentaire de faire porter au foyer de la Comédie italienne, toute la musique française et étrangère que j'ai recueillie. Je l'invite à y joindre une grosse d'escarpins, et un grand panier de sifflets. Les acteurs pren-

dront la musique, les danseurs prendront les escarpins, et
les sifflets seront pour le public. Ce spectacle qui amuse la
légèreté d'une nation frivole dégrade la muse française, et
abâtardit le goût d'une nation qu'on accuse d'avoir plus
d'esprit que du jugement. »

L'OMBRE.

Bah! consolez-vous! La contribution des comédiens vous
exposait à l'inscription fatale. Vous auriez eû peut-être la
douleur de la découvrir au bas de la statue, en allant faire
au demi-dieu votre cour parmi les brouillards de la grande
ville, à l'heure où un autre va faire la sienne à l'aurore,

Parmi le thym et la rosée.

Vous proposerais-je les habitués de café? la classe est
nombreuse, mêlée, et capable, *dans son ensemble*, d'une
infinité de choses. Elle est d'ailleurs à même de faire certaines lectures quotidiennes qui la préparent à dilater pour
vous sa bourse et son cœur.

LE CRITIQUE.

Hélas! je ne voudrais pas lancer un impitoyable et universel anathème contre cette classe en effet très-nombreuse...
Je ne le voudrais pas, parce qu'elle est, comme vous le
dites si bien, très-mêlée. Néanmoins, *dans son ensemble*
(pour parler votre langage), elle n'est guère capable de nous
glorifier beaucoup. Et puis, quelques-uns d'entre eux qui ne
manqueraient pas d'instruire les autres, doivent connaître
la lettre écrite à Berger en 1732 : « On a mandé ici que la
plupart des *ignorants qui parlent dans les cafés devant des
gens plus ignorants qu'eux* disaient que j'avais tort sur

Newton, dont ils ne connaissaient que le nom ; que les Jan-
sénistes m'appelaient Moliniste ; que les dévots disaient que
je suis un athéc, parce que je me suis moqué des quakers...
Vous pouvez compter que mon seul embarras est de savoir
pour qui de *tous ces animaux raisonneurs j'ai le plus grand
mépris.* »

L'OMBRE.

Mais c'est charmant cela ! Et ces Messieurs ont une occasion superbe de pratiquer très-généreusement le pardon et
l'oubli plus que parfait des injures. S'ils ne le font pas,
j'ose vous conseiller les ministres. En vérité, je me repens
de n'avoir pas commencé par les ministres. Voltaire ne fut
point avare de compliments à leur endroit, et ils lui en sûrent
gré, paraît-il. Je me suis laissé dire qu'un ministre, chargé
de la haute direction de l'enseignement d'un des plus nobles
pays du monde, avait fait maintes et maintes fois l'éloge de
Voltaire, dans des livres destinés aux études classiques pri-
maires ou secondaires, élémentaires ou supérieures. Il est
vrai que ce ministre ne l'était pas alors. Il était, entre autres
choses, simple fabricant d'histoires.

LE CRITIQUE.

Vous dites bien. Les livres historiques auxquels vous
faites allusion et que j'ai minutieusement examinés sentent
en effet la fabrique. Mais voici ce que j'ai remarqué :
Si le roi ne se souvenait pas des injures faites au duc
d'Orléans, le ministre se souvient on ne peut mieux des inno-
cents écarts de plume commis par le fabricant d'histoires, et
les dernières éditions de ses ouvrages sont corrigées en plusieurs points avec un soin extrême. Est-ce conversion ? Est-ce

politique? La réponse à ce doute est le secret des dieux. Mais qu'importe? Le converti qui vous édifierait ne nous donnerait rien; et le politique, en se tenant à son rôle, ne pourrait sagement nous donner davantage. Un ministre tant soit peu au courant des faits honorerait-il celui qui a cherché à ébranler toutes les bases de l'ordre et du pouvoir?.... celui qui écrivait en 1764 :

« On s'est aperçu que les ailes commençaient à venir aux Français, et on les leur coupe. J'ai peur que certains hommes d'État ne fassent comme Mme de Bouillon qui disait : Comment édifierons-nous le public, le Vendredi-Saint? — Faisons jeûner nos gens. — Ils diront : quel bien ferons-nous à l'État? — Persécutons les philosophes. »

Ceux qu'accuse ainsi Voltaire se bornaient à accomplir un devoir sacré, en proscrivant, comme on les proscrit encore aujourd'hui, des œuvres ouvertement séditieuses ou infâmes.

Un ministre cesserait de se respecter lui-même, s'il s'unissait aux glorificateurs de celui qui n'a jamais encensé dans les ministres que leur puissance, les abandonnant toujours en même temps que la fortune. Le duc de Choiseul fut un des premiers à s'apercevoir de cette platitude de Voltaire, malheureusement trop commune. Voltaire l'avait exalté lorsqu'il était ministre. Sans doute, il avait écrit, en 1761, à son ami d'Argental, — faisant allusion à un échec militaire du roi de Prusse, — la prise par les Russes de la ville de Colberg :

« Le roi de Prusse a une descente; les flatteurs disent que c'est la descente de Mars; mais elle n'est que de boyaux. Il est comme nous: il n'a plus de Colbert, à ce que disent les mauvais plaisants. »

Méchant coup de griffe à tous les ministres! Et M. de Choiseul l'était en 1761. Mais l'insulte demeurait secrète, et l'insolent ne se démasqua pas avant la disgrâce du duc. Alors.

il combla d'éloges les opérations de M. de Maupeou. Le duc
exilé et retiré à Chanteloup, fit, pour toute vengeance,
placer dans ses jardins une girouette avec le vrai portrait de
Voltaire, et ces mots : « Le vent me commande! »

Plus tard, Turgot devint l'objet des attentions du vieux thuri-
féraire. M. Arouet fêta Turgot le jour même de la fête du roi,
en 1775. Il se mit en frais à Ferney, et personne n'ayant
publié la relation de cette solennité, lui-même prit le parti
de la donner dans une lettre du 26 août. Il y parle en tierce
personne, mais cette tournure lui était familière, et d'ailleurs on ne peut s'y méprendre, le bout de l'oreille perce :
l'immense amour-propre se trahit. La réjouissance consistait
principalement en un exercice de tir, et le prix réservé au
vainqueur était une médaille où l'on voyait la *tête de M. Turgot*, avec cette inscription au revers : *Tutamen regni*. Voltaire disait cela de tous les ministres. Quelque temps après,
il publia un *Mémoire sur les corvées*, mémoire supprimé
par arrêt du Parlement, toutes les chambres assemblées, les
princes et pairs y séant le 30 janvier 1776. L'auteur, dit le
réquisitoire de l'Avocat Séguier, « semble vouloir attaquer
différentes classes de citoyens, et, par une espèce de cri
séditieux, cherche en finissant à soulever le peuple. » Mais
ce mémoire débute ainsi : « Bénissons le ministre! » et les
louanges y sont prodiguées à Turgot. Voltaire avait écrit à
Madame de Maurepas : « Si jamais Turgot cesse d'être
ministre, je me fais moine de désespoir. » Qu'arriva-t-il?
M. Turgot quitta le ministère, et y fut remplacé par M. de
Clugny. Madame de Maurepas somma alors plaisamment
Voltaire de tenir parole : « Rien n'est plus juste, Madame,
répondit-il, et je me fais moine de Clugny! »

Il ne le fut pas longtemps.

En 1777, c'était le tour de Necker dont il avait écrit en
1761 : « Necker a demandé pardon au consistoire, et a été

banni de sa professorerie... » pour crime d'adultère. Le système de Necker était tout opposé à celui de Turgot tant célébré jadis par Voltaire. Mais Voltaire est un habile observateur du vent; il adresse à Necker une pièce de vers, et l'on y voit que Necker est un tout autre homme que tous ceux qui l'ont précédé.

Décemment, un ministre ne peut souscrire pour Voltaire qu'à l'érection d'une girouette pareille à celle des jardins de Chanteloup.

l'ombre.

Ne tourmentons donc point les ministres. Qu'ils se moquent de Voltaire, puisque Voltaire a fait plus que de se moquer d'eux. — Mais les têtes couronnées, les *Pasteurs des peuples* (comme disait le bon et naïf Homère, peut-être dans un de ses instants de doux sommeil!) que ne doivent-ils pas à Voltaire?

Ce nectar que l'on sert au maître du tonnerre.
Et dont nous enivrons tous les dieux de la terre.
C'est la louange, Iris.

Voltaire a voulu remplir toute sa vie, même dans sa décrépitude, le ministère de Ganymède. Il a versé le nectar aux rois.

Pour célébrer les victoires de Louis XV, il avait imaginé un ballet héroïque, intitulé : le *Temple de la Gloire*. Sa Majesté y était désignée sous le nom de Trajan. Ce spectacle fut d'abord exécuté par des seigneurs et des femmes de la cour, entre lesquels brillait surtout la favorite. On avait banni ce jour-là toute étiquette, et Voltaire se trouva placé dans la loge du roi, derrière Sa Majesté. Sur la fin de la pièce, il ne put tenir à son ravissement, et saisissant le monarque entre ses bras, il s'écria avec transport : « Hé bien, Trajan, vous reconnaissez-vous? »

En 1743, il avait ambitionné la succession du cardinal de Fleury à l'Académie française, et il écrivit à un académicien : « M. le cardinal a daigné faire passer jusqu'au roi même un peu de cette bonté dont il m'honorait. Le désir de donner de justes louanges au père de la religion et de l'Etat (le cardinal) m'aurait peut-être fermé les yeux sur mon incapacité. J'aurais fait voir au moins *quel est mon zèle pour le roi qu'il a élevé.* »

— « Je prie M. Albergati Capacelli d'instruire le pape que je ne suis ni Janséniste, ni Moliniste, ni d'aucune classe du Parlement, mais catholique romain, *sujet du roi, attaché au roi, et détestant tous ceux qui cabalent contre le roi.* » Ceci est du 6 janvier 1761, et écrit ironiquement à d'Alembert. Mais, extérieurement, Voltaire faisait cette profession de foi royaliste avec tout le sérieux possible.

— « J'ai fait une très-grande perte dans l'impératrice de toutes les Russies. » (A d'Alembert, 1761.)

— « La belle lettre que celle de Catherine ! ni Sainte-Catherine de Sienne, ni Sainte-Catherine de Bologne, ni Sainte-Catherine d'Alexandrie n'auraient jamais rien écrit de pareil. » (A d'Alembert, 1763.)

— « Mon cher philosophe, vous voilà entre Frédéric et Catherine ; voyez de laquelle de *ces deux planètes* vous *voulez grêler.* » (A d'Alembert, 1762.)

— « C'est au moins, mon ami, une consolation pour moi que des têtes couronnées daignent me rechercher. » (A Thiriot, 1736.)

> — « Je quitte un demi-dieu que je dois encenser,
> Le modèle des Rois dans l'art de se conduire,
> Et le mien dans l'art de penser. »

« Sire, je vous ai érigé un autel dans mon cœur ; je suis sensible à votre réputation comme vous-même. Je me nourris de l'encens que les connaisseurs vous donnent, je n'ai plus d'amour-propre que par rapport à vous. » (Au roi de Prusse, 1740.)

— « Voici un petit morceau dans lequel il y a d'assez bonnes choses. Il y a surtout un vers admirable :

> Un roi plus craint que Charles et plus aimé qu'Henri !

Vous devriez bien, monseigneur, mettre le doigt là-dessus à *notre adorable monarque*. De héros à héros, il n'y a que la main. » (1744, à M. de Richelieu.) —

Il vient de parler d'une manière hideuse de la République de Venise, et il ajoute :

> « Or, cela vaut-il, je vous prie
> Notre *adorable Frédéric*,
> Ses vertus, ses goûts, sa *patrie* (la Prusse) ?
> J'en fais juge tout le public.

« Je serai puni par le déluge d'avoir quitté mon roi (le roi de Prusse); j'entrevois de bien grandes choses ! mon roi agit comme il écrit. Mais se souviendra-t-il encore de son malheureux serviteur qui ne sait plus où il va, mais qui sera jusqu'au tombeau, avec le plus profond et le plus tendre respect, de Sa Majesté, le très-humble, très-obéissant serviteur et admirateur. » (Au roi de Prusse, 1740.)

Il avait dit de Stanislas, roi de Pologne : « J'ai trouvé le vrai sage qui se prépare la gloire des saints, en faisant le bonheur des hommes. »

Il écrivit à la fille de ce roi, Marie Leczinska, reine de France : « Daignez considérer, Madame, que je suis *domestique du roi*, et par conséquent le *vôtre*. — J'espère qu'après avoir peint la vertu, je serai protégé par elle. »

Ce fidèle sujet et DOMESTIQUE du roi fit traduire en quatre langues le panégyrique de Louis XV.

Mais le plus fort est à l'adresse du roi de Prusse.

« Sire, je ne balancerai pas un moment à sacrifier ces

petits intérêts au *grand intérêt d'un être pensant, de vivre à vos pieds, et de vous entendre.*

« Je suis avec le plus tendre regret et le plus profond respect, Sire, de votre humanité, le sujet, l'admirateur, le serviteur, *l'adorateur.* » (1741, au roi de Prusse.)

Ceci posé, — il en est de la reconnaissance comme de la justice : si elle était jamais bannie de la terre, elle devrait trouver un refuge dans le cœur des rois. — Le roi de Prusse nomma Voltaire son chambellan, et lui accorda une pension de 20,000 livres. L'impératrice de Russie le combla de faveurs. Louis XV lui faisait d'abord une pension de 2,000 livres, que Voltaire comptait pour rien, puisqu'il l'avait depuis longtemps le jour où il improvisa ces vers :

> « Mon Henri quatre, et ma Zaïre,
> Et mon Américaine Alzire
> Ne m'ont valu jamais un seul regard du roi. »

La reine de France lui faisait une autre pension de 1,500 livres.

Plus tard. Mme d'Etioles lui obtint le don *gratuit* d'une charge de gentilhomme ordinaire de la Chambre. C'était un présent d'environ 60,000 livres, et Voltaire eût le singulier privilége de vendre cette place, et d'en conserver le titre, les avantages et les fonctions.

Voilà comment les rois payaient son nectar, — sans compter une multitude de petits cadeaux que rappelle avec beaucoup d'esprit le *Testament Politique :* « Je donne à Mme de Florian tous les présents que j'ai reçus des souverains de l'Europe, consistant en diamants, tabatières, montres, portraits, fourrures et autres bijoux généralement quelconques. Si la mode des chaînes d'or eût encore subsisté, j'en aurais plus reçu que l'Arétin, et ce n'eût pas été au même titre. Ces offrandes n'étaient que les tributs de l'admiration, et elles doivent être regardées comme des monuments honorables dans une famille. »

Allez donc aux Rois, sans crainte!

LE CRITIQUE.

Je le ferais, n'était la contre-partie.

Un jour que le régent se promenait dans les jardins de son palais, on lui montra Voltaire, et il ordonna de le faire approcher. Le poète parut, et le prince lui dit : « Monsieur Arouet, je gage vous faire voir une chose que vous n'avez jamais vue. » — « Quoi? » répondit le jeune homme. — La Bastille!... » — « Ah! Monseigneur, je la tiens pour vue! — Cette réponse excellente ne le sauva pas; mais sa tragédie d'*Œdipe* le fit délivrer. Il vint remercier le Régent qui lui dit : « Soyez sage, et j'aurai soin de vous. » — « Je vous suis infiniment obligé, répondit Voltaire; mais je supplie Votre Altesse de ne plus se charger de mon logement. » — Une prière si naturelle ne fut point exaucée. A trente-deux ans, Voltaire avait été exilé de Paris, mis *deux fois* à la Bastille, et il était exilé de France.

En 1750, il écrivit au duc de Richelieu : « Le roi (Louis XV) ne me *témoignait jamais la moindre bonté.* »

Sous Louis XVI, il vint à Paris, et Louis XVI refusa constamment de le voir. Un gazetier du temps nous apprend « que les insectes orgueilleux ont fait en sorte, par leurs intrigues, que M. de Voltaire ne sera pas présenté au Roi, *comme ses amis l'avaient espéré,* et que c'est *pour cela* qu'il *garde la chambre,* sous *prétexte de maladie.* »

Le roi de Prusse dit un jour à Lamétrie : — « J'aurai besoin de lui encore un an tout au plus. On presse l'orange, et on jette l'écorce. » — Un autre jour il dit à Darget son secrétaire : « Écrivez que je veux que, dans vingt-quatre heures, il soit hors de mes États! » Darget sollicita et obtint un sursis, mais l'ordre de ne plus paraître à Postdam fut signifié à Voltaire. Le poète alors prit la fuite; mais le Résident du roi de Prusse à Francfort-sur-le-Mein l'y arrêta de la part de son maître, pour se faire restituer la croix de mérite, la clef de chambellan, etc... — De plus, en Prusse comme en France, le bourreau fut chargé de livrer aux flammes certaines productions de Voltaire.

Mais les deux plus curieuses aventures du grand homme, du « vrai roi du siècle, » comme l'appelle un ministre contemporain, avec les autres rois un peu plus rois que lui, appartiennent aux biographies de Stanislas de Pologne et de Lorraine, et de Joseph II d'Autriche.

L'OMBRE.

Racontez-les. Nous savons au pays des Ombres beaucoup plus de choses que ne le prétendait Voltaire. J'écoute cependant, parce que, j'en suis convaincu, votre récit ne sera pas inutile.

LE CRITIQUE.

C'était en 1749. Voltaire était venu à Lunéville faire sa cour au roi Stanislas. Le roi ne tarda pas à être mécontent de la conduite du philosophe, et particulièrement de ses efforts pour propager l'incrédulité. En vain lui témoigna-t-il toute la froideur qui annonce une disgrâce. Voltaire ne voulut pas comprendre ce langage. Alors le Roi consulta M. Alliot, intendant de son palais. « Ne pourriez-vous, lui dit-il, me délivrer de ce Voltaire? » — M. Alliot répondit: « *Hoc genus dæmoniorum non ejicitur nisi in oratione et jejunio;* mais je crois le premier de ces moyens peu effi-

cace. » — « Eh bien, reprit le prince, faites-le donc jeûner. »
Cet ordre fut exécuté si ponctuellement que le lendemain Voltaire ne put obtenir à déjeuner dans tout le palais. Il écrivit
à M. Alliot qui fit semblant de n'avoir pas compris.—Voltaire
alors écrivit au Roi lui-même :

« Sire,

« Il faut s'adresser à Dieu quand on est en paradis. Votre
Majesté m'a permis de venir lui faire ma cour jusqu'à la fin de
l'automne, temps auquel je ne puis me dispenser de prendre
congé de Votre Majesté. Elle sait que je suis très-malade, et
que des travaux continuels me retiennent dans mon appar-
tement autant que mes souffrances. Je suis forcé de sup-
plier Votre Majesté qu'elle ordonne qu'on daigne avoir
pour moi les bontés nécessaires et convenables à la
dignité de la maison dont elle honore les étrangers qui
viennent à sa Cour. Les rois sont, depuis Alexandre, en pos-
session de nourrir les gens de lettres ; et, quand Virgile était
chez Auguste, Allyotus, conseiller aulique d'Auguste, faisait
donner à Virgile du pain, du vin et de la chandelle. Je suis
malade aujourd'hui, et je n'ai ni pain, ni vin pour dîner. »

L'OMBRE.

L'épître est jolie, — à part cette tournure : « La maison
dont elle honore les étrangers. » — On dirait aujourd'hui et
on disait du temps de Voltaire : « La maison dont elle fait
les honneurs aux étrangers. » —Mais que répondit Auguste,
c'est-à-dire Stanislas?

LE CRITIQUE.

Il ne répondit rien.

L'OMBRE.

Alors, je le devine, le jeûne fut efficace comme l'émétique, et le diable fut chassé.

LE CRITIQUE.

Vous l'avez dit. — Voici maintenant l'autre aventure :

En 1777, l'Empereur Joseph II, voyageant sous le nom de comte de Falkenstein, devait passer à Ferney. Persuadé que ce prince viendrait le voir, et peut-être prendre un repas chez lui, Voltaire avait fait préparer un dîner superbe, et dresser une table de trente à quarante couverts. Un corps de jeunes gens à cheval, en uniforme, voltigeaient autour du château. Un détachement d'invalides tirés du fort de l'Écluse en gardaient les avenues et les portes. Voltaire s'était rajeuni de son mieux. Il avait prié M. le Curé d'avancer la messe, pour que le concours du peuple fût plus grand. Mais M. le Curé n'avait pas été complaisant; il avait donné pour excuse que l'Empereur compterait peut-être sur sa messe (c'était un dimanche); et qu'indépendamment de cette raison, il pourrait critiquer un changement qui n'aurait, pour beaucoup, d'autre motif que la curiosité. Ce bon curé de Ferney n'avait pas été ravi dans l'Olympe par l'aigle de Jupiter, afin d'y remplir l'office dont Voltaire s'acquittait si bien. — L'heure du midi arrive, point d'Empereur !

Un dîner *refroidi* ne valut jamais rien.

Voltaire s'inquiète. Une heure, deux heures, trois, quatre sonnent : point de nouvelles de l'Empereur ! La patience du peu socratique philosophe était à bout. Quelques Génevois des troupes bourgeoises se détachent, et courent au galop vers le fort de l'Écluse ; ils rencontrent l'Empereur, et ils ont la simplicité de lui dire : « M. le comte, M. de Voltaire vous attend à dîner. » L'Empereur arrive à six heures à Ferney, et ordonne au postillon de fouetter, sans daigner même regarder le château. Frappé de la foudre, Voltaire va se jeter sur son lit, et depuis ce moment fatal à sa gloire, il ne parlait que de mourir. Il ne tenait pas un seul propos, sans y faire revenir le comte de Falkenstein !

L'OMBRE.

Mais aussi pourquoi votre comte de Falkenstein qui surprit dans leurs retraites Haller et Buffon, qui voulut décorer de sa main impériale le sculpteur Coustou, qui rendit visite à tant d'hommes célèbres dans tous les genres, se montra-t-il si méprisant pour Voltaire ?

LE CRITIQUE.

Pourquoi ? Voici l'explication de Voltaire dans une lettre au chevalier de B. « Le vieux malade demanderait pardon à M. de B., s'il était coupable de négligence ; mais il n'est que malheureux. La vieillesse et les souffrances augmentent chaque jour, et le mettent hors d'état d'écrire. *Il n'a pu aller au devant de l'Empereur à son passage, et la familiarité républicaine de quelques Génevois de Ferney n'a pas disposé Sa Majesté Impériale à faire les avances.* L'un d'eux monta sur le marchepied qui tient au brancard, et demanda si le comte de Falkenstein n'était pas là, d'où il venait, où il allait ? L'Empereur, un peu étonné, répondit que jamais on ne lui avait fait de pareilles questions en France. Cet excès d'impertinence le dégoûta de Ferney, et avec beaucoup de raison. »

4

L'OMBRE.

Je trouve l'explication très-satisfaisante.

LE CRITIQUE.

Oui! mais elle sortie tout armée de la tête de Voltaire, comme la sagesse de la tête du souverain des dieux.

La vérité est que le comte de Falkenstein n'aimait pas les philosophes de l'espèce de Voltaire. Il n'avait voulu voir à Paris, ni d'Alembert, ni Diderot, ni Rousseau. Il fit parvenir, au sujet de ce dernier, à des gazetiers étrangers ce billet fort laconique : « Dans votre Gazette, n° 45, à l'article de Paris, vous avez inséré que M. le comte de Falkenstein se disposait d'aller visiter M. Rousseau, de Genève. Vous ne sauriez, Messieurs, être assez prompts à rétracter cette nouvelle controuvée, et dépourvue de bon sens. » (12 juin 1777.)

On prétend que la mère du prince lui avait fait promettre de ne pas voir Voltaire, dont les impiétés la révoltaient. Fidèle à sa promesse, l'Empereur ne répondit d'abord que par un coup d'œil de mépris à ceux qui l'invitaient à dîner au nom du vieillard de Ferney ; puis il déclara « qu'il ne pouvait se déterminer à voir une personne qui, par une partie de ses écrits, avait fait grand tort au genre humain. » Si Voltaire a affirmé dans une lettre au comte de la Touraille, en date du 18 août 1777, que « le comte de Falkenstein avait été de fort mauvaise humeur sur toute la route depuis Lyon ; qu'il ne s'était pas plus arrêté à Genève qu'à Ferney, » c'est uniquement pour déguiser son humiliation. Le comte de Falkenstein s'arrêta à Genève, et y fit deux ou trois visites, dont l'une très-remarquée à l'illustre peintre Liotard.

L'OMBRE.

Tout empereur qu'il était, votre comte de Falkenstein
s'exposait à de terribles criailleries, en trompant ainsi l'espoir de la secte, et en donnant un tel démenti aux gazettes
qui, d'avance, avaient annoncé sa visite à Voltaire.

LE CRITIQUE.

Un empereur doit savoir s'exposer quand il le faut.
Joseph II reçut, en cette circonstance, une épître dont je
vous citerais quelques fragments, si je ne redoutais de vous
ennuyer.

L'OMRRE.

Citez toujours! Il doit y avoir de bonnes choses dans cette
épître.

LE CRITIQUE.

Vous en jugerez.

> « Quoi! passer près de l'hermitage,
> Presque sous les murs du séjour
> Où la merveille de notre âge
> A fixé sa paisible cour!
> Au bout de sa longue carrière
> Pouvoir contempler librement
> L'astre du monde littéraire,
> Dont les rayons, à son couchant,
> Parent encor de leur lumière
> Le philosophique hémisphère;
> Et retourner dans vos États
> Sans avoir vu ce phénomène,
> Ce maître, ce Dieu de la scène,
> Dont vous n'étiez qu'à quatre pas!
> Prince, on ne le croira qu'à peine!...

Comment l'Univers étonné
Pourrait-il garder le silence
Sur votre affreuse indifférence
Pour le mortel chéri des dieux,
Par qui l'humaine intelligence
A brisé ses fers odieux ?...
Débarrassé de l'étiquette,
Vous surprenez dans leur retraite
Et les Buffons et les Hallers,
Ces savants aux lettres si chers,
Plus chers encor à la Patrie....
Mais, malgré leur brillant renom,
Sont-ils l'idole de l'Europe,
Ainsi que l'auteur de *Mérope*,
De la *Pucelle* ou du *Huron ?*
Ont-ils opéré le prodige
De chasser les vieilles terreurs,
Et de dissiper le prestige
De nos tyranniques erreurs ?....
Nos têtes à plumes flottantes,
— Sur des montagnes de cheveux
Déployant des forêts mouvantes
De colifichets fastueux ;
— Nos profondes législatrices
En modes, en pompons, rubans :
Nos imberbes adolescents ;
Nos beautés à charmes factices,
Nos nymphes à brillants caprices,
Nos automates élégants,
Nos divinités de coulisses,
Nos jolis héros de vingt ans.
— De Mars et des dieux de Cythère
Tour à tour portant la bannière, —
Que sais-je? le moindre avorton
De la basse littérature,
L'apprenti rimeur dont le nom
Vole à la suite *du Mercure;*
Le petit collet du bon ton
Exhalant l'ambre des toilettes....
Sont devenus les interprètes,
Les organes de la raison.
Du fanatisme sanguinaire
Tous brûlent d'abattre l'autel.
Tous, à ce monstre qu'on révère,
Jusqu'au fond de son sanctuaire
Veulent porter le coup mortel!
..... Et, cette chaîne de merveilles,
Ces changements si fortunés,

Ne sont dûs qu'aux savantes veilles
Du sage que vous dédaignez!...
Mais comment ne craignez-vous pas
Que, de la nouvelle milice,
Généraux, officiers, soldats,
Et jusqu'au bras le plus novice
Qu'on voit s'escrimer sur leurs pas,
— Du mérite et de l'héroïsme
Juges, arbitres souverains, —
Ne vengent le philosophisme
De la fierté de vos dédains?
Seuls dispensateurs de la gloire,
Gardiens du temple de mémoire
Qui s'ouvre et se ferme à leur gré,
Leur voix, de ce séjour sacré,
Éloigne le monarque même
Dont les vertus au diadême
Prêtent une auguste splendeur,
S'il ne joint pas à ce mérite
Celui d'être leur prosélyte,
Ou du moins leur admirateur.
Oui, — pour atteindre à leur estime, —
Fût-on le plus grand des héros,
Le Prince le plus magnanime, —
Il faut marcher sous leurs drapeaux.
Du jour plus pur qui les éclaire,
Il faut, — empruntant le flambeau, —
De l'illusion populaire
Fouler à ses pieds le bandeau.
C'est sur cette règle infaillible
Que leur suffrage incorruptible
Fixe les honneurs et les rangs,
D'un Julien fait l'apothéose,
Et met au nombre des tyrans
Un Constantin, un Théodose.
De vos vertus, de vos bienfaits,
Ah! qu'ils n'entreprennent jamais
D'écrire la brillante histoire!
Prince, — fussiez-vous au-dessus
Des Charlemagne, des Titus, —
Je craindrais pour votre mémoire!

L'OMBRE.

Et moi, je vous fais mon sincère compliment pour la vôtre.
En somme, vous m'avez récité à peu près intégralement

l'Épître d'un poète qui n'aimait pas Voltaire ni *sa livrée*.
Mais qu'avaient donc contre lui les empereurs et les rois?

LE CRITIQUE.

Le comte de Falkenstein vous l'a dit. Il lui reprochait le
grand tort fait par ses écrits au genre humain. Louis XV et
Louis XVI étaient du même avis. Le régent lui reprocha les
« *J'ai vu* » satire fameuse contre Louis XIV qui venait de
mourir. Voltaire, paraît-il, n'en était pas coupable, mais il
en était capable, et le prouva au sortir de la Bastille, par le
poëme atroce dirigé contre le régent et intitulé « *les Philip-
piques.* »

Le roi de Prusse avait une multitude de griefs, et, entre
autres, le libelle sur « SA VIE PRIVÉE. »

Tous les empereurs et tous les rois ont aujourd'hui contre
lui ses doctrines déjà solennellement flétries de son vivant.
Le 10 juin 1734, ses « *Lettres anglaises* furent condamnées
en Parlement à être brûlées par l'exécuteur de la haute justice, *comme contraires à la religion, aux bonnes mœurs et
au respect dû aux puissances.* »

Il écrivait en 1757 : « Ceux qui se font tuer pour ces
Messieurs-là (les rois), sont de terribles imbéciles. Gardez-
moi ce secret avec les rois. »

En 1768 : « Avez-vous jamais lu une *Ode contre tous les rois
dans la dernière guerre*, une lettre au docteur Pansophe ?
Tout cela est de la même main (la sienne). »

En 1741 :

> « Monarques, paraissez, Frédéric vous appelle:
> ... Il brave les saisons, il cherche le trépas;
> Et vous, vous entendez, sans que rien vous alarme,
> Ou les rêves d'un bonze, ou les sermons d'un carme;
> Vous allez à la messe, et vous en revenez;
> Végétaux! sur le trône à languir destinés,

N'attendez rien de moi; mes voix et mes trompettes
Pour des rois endormis sont à jamais muettes.
Ou plutôt, vils objets de mon juste courroux,
Rougissez et tremblez si je parle de vous.
(Au Roi de Prusse).

En 1746: « Je me flatte que tôt ou tard vous ferez quelque chose des *araignées* (les rois)! »

Il disait :

« Deux ou trois, tout au plus, prodiges dans l'histoire.
Du nom de philosophe ont mérité la gloire.
Le reste est à vos yeux le vulgaire des Rois,
Esclaves des plaisirs, fiers oppresseurs des lois,
Fardeaux de la nature, ou fléaux de la terre.
(Épître au Prince Royal de Prusse).

Et ailleurs : « Ce sont ces barbares sédentaires qui, du fond de leur cabinet, ordonnent, dans le temps de leur digestion, le massacre d'un million d'hommes, et qui, ensuite en font remercier Dieu solennellement. »
(*Raison par Alphabet.*)

Et ailleurs : « Il importe fort peu que Clovis et ses pareils aient été oints; mais je vous avoue que je souhaiterais, pour l'édification du genre humain, qu'on jetât dans le feu toute l'histoire,... je n'y vois guère que les annales des crimes; et soit que ces monstres aient été oints ou ne l'aient pas été, il ne résulte de leur histoire que l'exemple de leur scélératesse. »
(*Dialogues.*)

Et ailleurs : « La nation anglaise est la seule de la terre qui soit parvenue à *régler le pouvoir des rois en leur résistant.* Il en a coûté, sans doute, pour établir la liberté en Angleterre : *C'est dans des mers de sang qu'on a noyé l'idole* du pouvoir despotique; mais les Anglais ne croient pas *avoir acheté trop cher* leurs lois. Les autres nations n'ont pas versé moins de sang qu'eux; mais *ce sang n'a fait que cimenter leur servitude.* »
(*T. 4, du Parlement.*)

Et si ce texte vous paraît obscur, sachez que Voltaire lui-même en a donné le sens, lorsqu'il a avancé à Lyon, au milieu d'une compagnie respectable, cette proposition monstrueuse : « IL SERAIT A PROPOS QUE, DANS CHAQUE MONARCHIE, IL Y EUT TOUS LES CINQUANTE ANS UN CROMWELL ! ! »

L'OMBRE.

Oh ! assez, assez, de grâce ! L'échafaud de Charles Ier et l'orgie révolutionnaire de Cromwell ne suffisent pas à Voltaire ; il lui faut, sans doute, l'échafaud de Louis XVI, d'Élisabeth, de Marie-Antoinette ; il lui faut, comme en Angleterre, des mers de sang, — l'échafaud en permanence ! Et, si d'un mot on stigmatise un jour son siècle,

Table d'un long festin qu'un échafaud termine !

et cette société corrompue par lui, qui,

Jeune offensa l'amour, et vieille la pitié !

lui dormira content. On n'aura pas payé trop cher ! !

Ah ! malgré moi, ma pensée s'arrête à nos ministres, à nos sénateurs, à tous les représentants, à tous les gardiens, à tous les soldats de l'ordre et de l'obéissance aux pouvoirs légitimes, et je me demande qui d'entre eux, — conservant ses dignités, ses convictions honorables et l'argent que lui donne la France, amie de la fidélité et de la paix, — s'égarerait lui-même jusqu'à laisser tomber, — lui, sujet d'un empereur, — de sa main dans la vôtre, une offrande destinée à la glorification de Voltaire, ce plat valet hypocrite et ce sanguinaire ennemi des souverains ?

LE CRITIQUE.

Souffrez que je vous cite encore un texte :

« Les Romains peuvent dire au Pape : Nous *revenons*
enfin à *la véritable loi fondamentale, qui est d'être libres.*
Allez-vous-en donner ailleurs des indulgences *in articulo
mortis,* et sortez du Capitole qui n'était pas bâti pour vous.

(*Raison par Alphabet.*)

L'OMBRE.

Comprenez donc enfin, rois de l'univers; soyez instruits,
vous qui jugez la terre. « *La véritable loi fondamentale est
d'être libres.* » Et pour y « *revenir,* » on renverse le plus
paternel de tous les gouvernements légitimes, — j'oserais
presque dire : le seul paternel. Tremblez donc! si l'argu-
ment de Voltaire est bon contre le Pape, il est meilleur
contre vous ; et, en s'attaquant au Pape, au nom d'un pareil
principe, Voltaire s'attaque plus encore à vous ! Car, au
milieu de ses contradictions et de sa mêlée triomphante ou
lugubre, l'histoire est inflexiblement logique, et elle l'a déjà
fait voir !

L'OMBRE.

Vous ne vous souvenez plus, je crois, que nous causons
familièrement sur le Pont-des-Arts. Vous convenez néanmoins, n'est-il pas vrai que les rois et les empereurs ne
peuvent rien me donner?

LE CRITIQUE.

C'est de toute évidence ! Mais, vous avez les pères de
famille. Il n'y a pas si loin déjà d'eux aux vrais rois

...*si parva licet componere magnis.*

L'OMBRE.

Les pères de famille, Monsieur, ne peuvent estimer l'auteur de tant d'ouvrages licencieux, le séducteur que M. le marquis de Châteauneuf, ambassadeur de France à la Haye, fut obligé de renvoyer de Hollande à Versailles, avec prière au secrétaire d'État d'empêcher son retour, parce qu'il voulait enlever la fille cadette de Mme Dunoyer. Les pères de famille ne peuvent qu'avoir en horreur le mauvais fils qui changea le nom de son père, sous prétexte que ce nom lui portait malheur. Comment pardonner à Voltaire, quand on est père de famille, d'avoir écrit le 17 mai 1741, à l'abbé Moussinot : « Je vous ai envoyé ma signature, dans laquelle j'ai oublié le nom d'Arouet, que j'oublie assez volontiers. Je vous renvoie d'autres parchemins où se trouve ce nom, malgré *le peu de cas que j'en fais.* »

Et, le 28 janvier 1772, à La Harpe :

« J'avais autrefois un père qui était *grondeur*, comme M. Guichard (personnage d'une comédie de Brueys, — le *Grondeur*.) Un jour, après avoir horriblement et très-mal à propos grondé son jardinier, et après l'avoir presque battu, il lui dit : « *Va-t-en, coquin! je souhaite que tu trouves un maître aussi patient que moi!* » je menai *mon bonhomme de père au* « *Grondeur.* » Je priai l'acteur d'ajouter ces propres paroles à son rôle, *et mon bonhomme de père se corrigea un peu.* » Le bonhomme de père en avait été réduit à prendre le soir les clefs de sa maison, parce que son fils rentrait trop tard de ses divertissements nocturnes, — à mettre ce fils à la porte dans un moment de juste déplaisir, — à le chasser d'une manière définitive.

Honnêtes pères de famille, daignez souscrire pour qu'on élève une statue à ce bon fils !

L'OMBRE.

Nous n'avons plus qu'une ressource, — la grande âme populaire.

L'ennemi des empereurs et des rois serait-il aussi l'ennemi du peuple? ce n'est pas croyable! Or, le peuple n'est pas toujours ingrat; il ne l'est que lorsqu'il est trompé.

LE CRITIQUE.

Mais, si le peuple n'est pas trompé, gare à Voltaire!

Le peuple!.... par exemple, il ne manquait plus que celle-là!! Et, s'il était possible qu'elle fut jamais exécutée avec succès, la farce serait bonne! On pourrait certainement tirer ensuite le rideau, et ne le relever pour aucune autre comédie; car, ce serait le *nec plus ultrà* du genre.

Le peuple!.... Mais, s'il n'est pas trompé, pardonnera-t-il à Voltaire d'avoir été jusqu'à la fin l'un de ces hommes sans conscience, dont un poète a dit:

Détestables flatteurs! présent le plus funeste
Que puisse faire aux Rois la colère céleste!

Et de quels rois Voltaire a-t-il été le flatteur?

Qu'il nous dévoile lui-même le caractère de celui qu'il a ADORÉ!

« Rarement les ministres en charge l'abordaient. Il y en a même à qui il n'a jamais parlé. C'était à Frédersdorf, son commis, que les secrétaires d'État envoyaient toutes ses dépêches; il en apportait l'extrait; le roi faisait mettre les réponses à la marge. En deux mots, toutes les affaires du royaume s'expédiaient ainsi en une heure. Tout s'exécutait si militairement, l'obéissance était si aveugle que quatre

cents lieues de pays étaient gouvernées comme une abbaye. »
— Et de ce despote Voltaire a dit : « Il n'y a qu'un Dieu, et
qu'un roi ! »

Mais le généreux distributeur d'eau bénite de cour ne
tendait pas son goupillon seulement aux rois. Tous les puissants avaient leur part. Il écrit à la princesse de Guise :

« Je croyais n'aimer que la solitude, et je sens que je n'aime
plus qu'à vous faire MA COUR. Si je suis destiné à vivre en hibou,
je ne veux me retirer que dans les lieux que vous aurez
habités et embellis. Il faudra que je sois bien malheureux
si je ne vais pas vous faire MA COUR à Montjeu. » (1731.)

A M. Berger, secrétaire du prince de Carignan :

« Je voudrais pouvoir compter sur la protection de M. le prince
de Carignan. Je me flatte que vous vous voudrez bien lui
faire un peu MA COUR, et que ce sera à vous que j'aurai
l'obligation de ses bontés. » (1732.)

A M. Moncrif :

« Je n'ose prendre la liberté d'écrire à S. A. S. Monseigneur le comte de Clermont. Je vous supplie de lui faire LA
COUR d'un pauvre malade. » (1733.)

L'OMBRE.

Mgr le comte de Clermont, M. le prince de Carignan,
Mme la princesse de Guise,.... etc., etc., n'est-ce pas ? je vous
tiens quitte du reste.

LE CRITIQUE.

Et moi, non ! Que pensez-vous de ce madrigal ? Mme de
Pompadour venait de jouer dans les petits cabinets le rôle de
Lise de l'*Enfant prodigue*. Voltaire improvisa ces vers :

Ainsi donc vous réunissez
Tous les arts, tous les goûts, tous les talents de plaire.
Pompadour, vous embellissez
La Cour, le Parnasse, et Cythère.
Charme de tous les cœurs, trésor d'un seul mortel,
Qu'un sort si beau soit éternel!
Que vos jours précieux soient comptés par des fêtes!
Que de nouveaux succès marquent ceux de Louis!
Soyez tous deux sans ennemis,
Et *gardez tous deux vos conquêtes!*

L'OMBRE.

Et ce Monsieur s'intitulait le « DOMESTIQUE de la reine!.... »
— Et les sueurs du peuple payaient la favorite!

LE CRITIQUE.

Attendez donc! Voltaire eût l'audace de finir ainsi, dans une copie manuscrite qu'il offrit à Mme de Pompadour, l'*Histoire de la guerre terminée en 1748 par la paix d'Aix-la-Chapelle :*

« Il faut avouer que l'Europe peut dater sa félicité du jour de cette paix... On apprendra avec surprise qu'elle fut le fruit des conseils pressants d'une jeune dame d'un haut rang, célèbre par ses charmes, par des talents singuliers, par son esprit et *par une place enviée.* Ce fut la destinée de l'Europe dans cette longue querelle, qu'une femme la commença et qu'une femme la finit. La seconde a fait *autant de bien* que la *première avait fait de mal.* »

L'OMBRE.

La première est, je crois, Marie-Thérèse, et la voilà mise au-dessous de Mme de Pompadour, célèbre par *une place enviée!*

Le diable seul et Voltaire font de ces coups!

LE CRITIQUE.

Déjà, en 1745, Voltaire avait écrit au duc de Richelieu. « J'aimerais que Mme de Pompadour sût par vous combien ses bontés me pénètrent de reconnaissance, et à quel point je vous fais son éloge; car je vous parle d'elle comme je lui parle de vous; et, en vérité, je lui suis tendrement attaché, et je crois devoir compter sur sa bienveillance autant que personne. Quand mes sentiments pour elle lui seraient revenus par vous, y aurait-il eû si grand mal? Ignorez-vous le prix de ce que vous dites et de ce que vous écrivez! Adieu, Monseigneur, mon cœur est à vous pour jamais! »

L'OMBRE.

Cet aimable duc de Richelieu! nous l'ajouterons à la liste.

LE CRITIQUE.

En 1750, Voltaire écrivait au même duc :
« Ne pourriez-vous pas dire à Mme de Pompadour qu'en quittant la France, je n'ai fait que me soustraire à la mauvaise volonté de gens qui ne l'aiment pas, *que j'ai précisément les mêmes ennemis qu'elle!* »

L'OMBRE.

Tant de bassesse méritait bien une récompense.

LE CRITIQUE.

Voltaire n'eût pas à se plaindre. Il possédait à Ferney le portrait de Mme de Pompadour, peint par elle-même, et dont elle lui avait fait présent, et il jouissait des bonnes grâces de la dame.

— « Je suis en droit d'écrire à Mᵐᵉ de Pompadour les lettres les plus fortes. » (1758, à M. d'Argental.)

— « Ce qu'on ne sait pas, c'est que je suis très-bien auprès de Mᵐᵉ de Pompadour, et que je ne crains rien, et que je me f.... de... et de... et de... ainsi que de Chaumeix. Pourtant brûlez ma lettre, et gardez le secret à qui vous aime. » (1760, à M. de Thibouville.)

— « Je suis encore assez *impudent* pour en écrire à Madame de Pompadour, et elle est femme à me dire ce qu'elle peut et ce qu'elle veut. » (1760, à d'Alembert.)

— « Avez-vous regretté Madame de Pompadour? oui sans doute..... je suis très-affligé de sa mort. » (1764, à d'Alembert.)

L'OMBRE.

Tendres regrets! dignes assurément de faire long séjour dans le cœur du Père de la Révolution et de la liberté française ! (1)

(1) Masers de la Tude ne partagea point ces regrets. Il avait irrité la femme adultère et implacable par une étourderie de jeunesse, et, en 1764, il expiait sa faute depuis onze ans déjà.

Renfermé à la Bastille en 1753, il était parvenu à s'évader en 1756 avec un autre prisonnier, après un travail préparatoire de dix-huit mois. Mais la vengeance l'avait poursuivi jusque dans le lieu de son refuge et de son exil, la Hollande. Deux cents dix-sept mille livres (qui seraient aujourd'hui au moins un demi-million) avaient été dépensées sans pudeur pour restituer la victime à ses geôliers et à ses bourreaux. Son père mourut, et sa mère veuve, n'ayant plus au monde que ce fils unique, écrivit à la favorite une lettre qui arrache le cœur ; mais la favorite fut sans pitié.

Voilà qu'elle était la femme tant regrettée de Voltaire et de Messieurs les philosophes!

En 1783, Masers de la Tude pourrissait dans un cachot de Bicêtre à dix pieds sous terre. Il ne fut délivré qu'en 1788, après 35 ans de captivité... toute une vie! A la mort de Mᵐᵉ de Pompadour, ceux qui l'avaient torturé pour complaire à cette femme cruelle, avaient eu peur de ses révélations s'il sortait de leurs mains ; et, prudemment, ils l'avaient gardé!

LE CRITIQUE.

Ne vous moquez pas! Voltaire aimait ou feignait d'aimer qui pouvait ou le servir ou lui nuire. C'était sage. Le *Testament Politique* a parfaitement saisi ce trait de caractère : « J'invite ma nièce à ménager les Cramer; ils sont riches ! »

L'OMBRE.

Ils sont riches! ils sont riches!... pauvre peuple, la charité, s'il vous plaît!

LE CRITIQUE.

Nous ne sommes pas au bout. Que penserait le peuple de cette phrase? « Vous êtes bien bon de céder à l'impétuosité de la nation : il faut la subjuguer. » (à d'Argental, 1760.).

Et de celle-ci? « La nation ne s'assemble qu'au parterre. Si elle jugeait aussi mal dans les Etats-Généraux que dans le tripot de la comédie, *on n'a pas mal fait d'abolir ces États. Je ne m'intéresse à aucune assemblée publique.* » (A d'Alembert, 1772.)

L'OMBRE.

En vérité, c'est trop fort! A bas le régime parlementaire, et vive le pouvoir absolu! C'est le cri de messire François-Marie de Voltaire, gentilhomme ordinaire de la chambre du roi, seigneur de Ferney, Tournay, Prégny et Chambeisi, ex-chambellan du roi de Prusse, etc., etc.

LE CRITIQUE.

Vous énumérez ses titres! Il y tenait comme la pieuvre à

sa proie, et cela encore doit plaire au peuple. Il répudia le nom roturier d'Arouet, — son nom de famille, — pour s'étiqueter aristocratiquement du nom de M. de Voltaire. Cette modification ne fut pas étrangère à sa querelle du mois de décembre 1725, avec le chevalier de Rohan. Ils se trouvaient au théâtre à côté l'un de l'autre, et le chevalier appela son voisin *Monsieur Voltaire* tout court. L'oubli de la particule offensa le fils du receveur alternatif et triennal des épices de la chambre des comptes, d'épigramme en épigramme, le père de tant de fils, qui ne sont pas les fils des croisés, en vint à dire aux chevaliers : « Je suis le premier de mon nom, et vous le dernier du vôtre. »

Le chevalier ordonna à ses valets de corriger l'insolent, et Voltaire reçut une volée de coups de bâton dans la rue Saint-Antoine, vis-à-vis l'hôtel de Sully. Le chevalier rit beaucoup de l'aventure avec ses amis, et il aimait à dire en la racontant: « *Je commandais les travailleurs.* »

L'OMBRE.

J'en suis bien fâché pour M. de Voltaire. Mais le peuple ne peut se retenir de rire avec le chevalier. Le chevalier a pour lui les travailleurs et les rieurs. Le peuple trouve la leçon un peu leste, et peu conforme à nos mœurs actuelles; mais, autres temps, autres mœurs, et si ce n'est pas très-légitime, c'est du moins très-bien fait. Que le dernier du nom de Rohan n'ait pas besoin de son épée, mais seulement des bâtons de ses valets pour remettre à sa place le premier du nom de Voltaire, quoi de plus naturel! Voilà ce que pense le peuple.

LE CRITIQUE.

Le malheur est que Voltaire châtié ne se repentit pas.

5

Contraint de se cacher à Rouen, il s'y fait passer pour un seigneur anglais expatrié par raison d'État. A Worms, il se donne pour un seigneur Italien. En Hollande, il voyage sous le nom de comte de Révol. Dans une lettre du 20 décembre 1773 au chancelier Meaupeou, il se montre ridiculement fier de la noblesse de son neveu, dont la famille est ennoblie, dit-il, depuis plus de cent cinquante ans. Il emploie le ministre Turgot auprès de Louis XV, afin de devenir marquis; — mais il échoue dans cette entreprise. S'il achète la terre de Ferney, c'est pour avoir le plaisir de signer : de Voltaire, seigneur de Ferney. C'est pour avoir des droits seigneuriaux, et notamment le droit de mettre au pilori ceux qui le contrarient. Il en radote de ce pilori. Il fera pilorier celui-ci et celui-là. « On me reproche d'être comte de Ferney. Que ces jeanf.....-là viennent donc dans la terre de Ferney, je les mettrai au pilori. » (1660, à M. de Thibouville.) Il s'arroge même des droits qu'il n'a pas. Le jour de Pâques 1768, affublé d'une ample vitchoura, il monte dans la chaire de l'église de Ferney, et dit : « Un seigneur doit l'instruction à son peuple ; or, j'ai à vous dire que le larcin (on venait de le voler) est défendu par la loi naturelle, la loi divine et la loi humaine : Si quelqu'un de vous se sent coupable, il doit restituer ce qu'il a volé. » L'évêque d'Annecy proteste, et Voltaire répond que tous les seigneurs de paroisse ont le droit d'instruire les vassaux le jour qu'ils rendent le pain bénit. L'évêque, on le comprend, réfuta ce prétendu droit; mais la chose était faite. Voltaire en avait fait bien d'autres!

« Comme j'aime passionnément à être le maître, j'ai jeté par terre toute l'église de Ferney, pour répondre aux plaintes d'en avoir abattu la moitié. J'ai pris les cloches, l'autel, les confessionaux, les fonts baptismaux, j'ai envoyé mes paroissiens entendre la messe à une lieue. (1761, à M. d'Argental.) »

L'OMBRE.

« J'aime passionnément à être le maître! » L'auteur du *Testament Politique* n'a donc pas eu tort d'y insérer cette sentence : « On ne peut trop labourer, et acquérir de vassaux. »

LE CRITIQUE.

Il a mille fois raison. — Croyez-vous que le peuple applaudirait au mépris de Voltaire pour les artisans et les gens d'humbles métiers? « Comment peux-tu te plaindre que j'aie révélé que ton cher père était *un crocheteur,* quand *ton style prouve si évidemment la profession de ton cher père..* » — « Jacques Nonote, âgé de cinquante-quatre ans, est né à Besançon, d'un pauvre homme qui était *fendeur de bois* et *crocheteur.* Il paraît, à son *style* et à ses injures, qu'il n'a pas dégénéré. Sa mère était *blanchisseuse.* » — « Le père Nonote était un brave et renommé *crocheteur* de Besançon. » — « Je veux, et je dois apprendre au public qu'un nommé Nonote, ci-devant jésuite, fils d'un *brave crocheteur,* a depuis peu, dans *le style de son père,* soutenu, etc. » — « Le petit-fils de *mon maçon,* devenu évêque d'Annecy, n'a pas *le mortier liant.* Il joint aux fureurs du fanatisme *l'imbécillité* d'un théologien *né pour faire des cheminées* ou *pour les ramoner.....* Je reçois le saint viatique : voilà mon *maçon* d'Annecy furieux. » (1769.) — « L'évêque d'Annecy a employé contre moi sa *truelle.* » (1769.)

Voltaire parlait-il de J.-B. Rousseau, il ne manquait jamais de rappeler que ce Rousseau était le fils d'un cordonnier, et se plaisait à dire que son valet de chambre, parent de ce Rousseau, lui demandait souvent excuse des vers de son cousin. « Comment! lui répondit-on un jour, était-il d'une naissance aussi commune ! » — « Quoi ! répliqua Voltaire, vous ne savez pas qui était son père ? » — « Non, en vérité ! répartit l'interlocuteur ; je le croyais fils de Pindare ou d'Alcée. »

L'OMBRE.

Bonne leçon, mais probablement inutile.

LE CRITIQUE.

Hélas ! oui. — Permettez que j'achève. Que pensera le peuple de ceci ?

« Vous ne me paraissez pas trop compter sur l'amitié des grands ; n'avez-vous jamais éprouvé que les petits n'aiment guère mieux ? » (1762, à d'Alembert.)

« On se plaignait autrefois des jésuites ; mais saint Médard devient plus à craindre que saint Ignace. Rendons ces perturbateurs du repos public ridicules aux yeux des *honnêtes gens*. Qu'ils n'aient plus pour eux que le *faubourg Saint-Marceau et les Halles*. » (1761, à d'Alembert.)

L'OMBRE.

Il suffit donc d'habiter le faubourg St-Marceau ou les halles pour ne plus mériter d'être classé parmi les *honnêtes gens* ?

LE CRITIQUE.

Apparemment. — « Je pardonne tout, pourvu que l'infâme superstition soit décriée comme il faut chez les *honnêtes gens*, et qu'elle soit abandonnée aux *laquais et aux servantes*, comme de raison. » (A d'Alembert, 1765.)

L'OMBRE.

Les laquais et les servantes ne sont donc pas des *honnêtes gens?*

LE CRITIQUE.

Un peu de patience !

« Nous touchons au temps où les hommes vont commencer à devenir raisonnables : quand je dis *les hommes,* je ne dis pas la *populace...* je dis les *hommes qui gouvernent ou qui sont nés pour le gouvernement, je dis les gens de lettres dignes de ce nom.* » (A d'Alembert, 1763.)

L'OMBRE.

Par conséquent, les gens du peuple ne sont pas des hommes?

LE CRITIQUE.

Voltaire l'affirme.

« Il y a peu d'êtres pensants. Mon ancien disciple couronné me mande qu'il n'y en a guère qu'un sur mille, c'est à peu près le nombre de la bonne compagnie. » (A d'Alembert, 1765.)

« Ne pourriez-vous point me dire ce que produira dans trente ans la révolution qui se fait dans les esprits? Je n'entends pas les *esprits...* du *peuple,* j'entends les honnêtes esprits. » (A d'Alembert, 1766.)

« Bénissons cette heureuse révolution qui s'est faite dans l'esprit de tous les *honnêtes gens,* depuis quinze ou vingt années. — A l'égard de la canaille, je ne m'en mêle pas;

elle restera toujours canaille. Je cultive mon jardin; mais il faut bien qu'il y ait *des crapauds.* » (A d'Alembert, 1767.)

« Damilavile doit être content, et vous aussi, du mépris où l'inf... est tombée chez tous les *honnêtes gens* de l'Europe. C'était tout ce qu'on voulait, et tout ce qui était nécessaire. On n'a *jamais prétendu éclairer les cordonniers et les servantes, c'est le partage des apôtres.* » (A d'Alembert, 1768.)

« Nous aurons bientôt de nouveaux cieux et une nouvelle terre, j'entends pour les *honnêtes gens;* car pour la *canaille,* le *plus sot ciel* et la *plus sotte terre* est ce qu'*il lui faut.* » (A d'Alembert, 1769.)

L'OMBRE.

Et vous iriez tendre la main au peuple pour élever une statue à Voltaire! Mais alors vous tromperiez indignement le peuple; vous le voleriez indignement. Peuple, tu seras toujours trompé et volé... ·

Pauvre mouton, toujours on te tondra!

En cet instant, une voix grave et douce dans son autorité même laissa tomber lentement ces mots des profondeurs de l'air flottantes et voilées :

Vous n'avez pas tout dit. — Poursuivre la religion et les mœurs dans cette classe de citoyens qui semblait être à l'abri des dangers; répandre le vice et l'erreur, là où la pauvreté et le travail semblaient garantir à jamais l'innocence;... non il n'y a que la malfaisance philosophique qui puisse porter à ce point la haine du bien et du bonheur! « Il est peu d'asiles qui soient exempts de la contagion: elle a pénétré dans les ateliers, et jusque sous les chaumières. Bientôt plus de foi, plus de religion et plus de mœurs. L'innocence primitive s'est altérée; le souffle brûlant de

l'impiété a desséché les âmes et a consumé les vertus. Le
peuple était pauvre, mais consolé, il est maintenant accablé
de ses travaux et de ses doutes. Il anticipait par espérance
sur une vie meilleure ; il est surchargé des peines de son
état, et ne voit plus de termes à sa misère que l'anéantisse-
ment et la mort. » (Réquisitoire de M. Séguier, 18 août
1770.)

La voix se tut, et le mendiant pour la statue de Voltaire
courbait la tête. L'ombre touchée de son état, ou peut-être
jalouse d'exercer sans miséricorde une mission vengeresse,
rompit bientôt le silence.

IV

L'OMBRE.

Tentons une troisième épreuve. Ne nous adressons plus
aux hommes d'une dignité, d'une doctrine, d'une caste,
d'une catégorie quelconque. Adressons-nous aux nations, ou,
si vous voulez, au caractère national des individus.

LE CRITIQUE.

Je ne vois pas comment ces individus pourraient donner,
puisque ce sont les mêmes qui, pour de si bonnes raisons,
doivent refuser. Vous me tendez un piége. Vous êtes sans
pitié. Vous avez résolu de me faire boire le calice jusqu'à la
lie. Eh bien, soit! je le boirai. Voltaire n'a-t-il pas insulté
continuellement du donjon de son château les Italiens, les
Espagnols, les Portugais, toute l'Europe? « Qu'est pour toutes
les nations l'homme qui a médit de toutes? » (Labeaumelle.)

L'OMBRE.

Je ne vous proposerai ni les Turcs, ni les Juifs. Les Juifs en particulier ont été par trop maltraités. Nous le savons déjà, et je n'ajoute ici que deux ou trois petits textes.

« C'est un peuple à qui on a coupé le nez et laissé les oreilles.... Ces polissons de juifs sont si nouveaux, qu'ils n'avaient pas même dans leur langue de nom pour signifier Dieu. » — « Les sacrifices humains sont clairement établis dans la loi de ce détestable peuple. Il n'y a aucun point d'histoire mieux constaté. » — « Pourquoi les Juifs n'auraient-ils pas été anthropophages? C'eût été la seule chose qui eut manqué au peuple de Dieu, pour être le peuple le plus abominable de la terre. »

LE CRITIQUE.

Vous ne me proposerez pas non plus les nègres. Voltaire s'est enrichi par la traite des nègres.

L'OMBRE.

Et les Allemands ?

LE CRITIQUE.

Faites tous vos vers à Paris,
Et n'allez point en Allemagne. *(Temple du goût).*

« Je n'irai point voyager en Allemagne; on y devient trop mauvais poète (1). » (A Thiriot, 1723.)

A une représentation de *Rome sauvée*, à Postdam, les

---

(1) Et Klopstock, et Goëthe, et Schiller?

soldats qui faisaient les gardes prétoriennes, fort instruits dans les manœuvres militaires, entendaient fort mal les évolutions du théâtre. Voltaire s'oublie, et s'écrie en employant une expression qu'on devine : « J'ai demandé des *hommes*, et l'on m'envoie des *Allemands !* »

Dans « Akakia », Voltaire ingrat, et injuste, ne cherche point de détours. On voit bien qu'il sait sa langue (et de sa langue les mots les plus insultants.) Il vilipende la nation Allemande, et la traite d'imbécile en termes équivalents.

L'OMBRE.

Et les Espagnols ?

LE CRITIQUE.

Voltaire avait envoyé au marquis d'Argens une *lettre sur la politesse*, pour être insérée dans un journal dirigé par ce marquis. Il lui conseille de venger les Suisses et les Hollandais, et pourquoi ? Parce que « en nous moquant un peu des Espagnols, il est bon d'avoir tout d'un coup deux nations dans son parti. » Et il ajoute : « Vous avez terriblement malmené le Don Quichotte de l'Espagne ; vous êtes plus dangereux pour lui que les moulins à foulon. Vous faites bien de lui apprendre à nous respecter. » (1737.)

L'OMBRE.

Et les Italiens ?

LE CRITIQUE.

Ce n'est pas de même à Berlin.
Les beaux-arts, la magnificence,
La bonne chère, l'abondance
Y font oublier le destin
De l'*Italie* et de la France.

De l'Italie! Algarotti,
Comment trouvez-vous ce langage?
Je vous vois frappé de l'outrage
Me regarder en ennemi.
Modérez ce bouillant courage,
Et répondez-nous en ami.
Vos pantalons à robe d'encre,
Vos lagunes à forte odeur,
Où deux galères sont à l'ancre....

. . . .

(Remarquez bien qu'il s'attaque surtout ici à la République de Venise. L'ennemi des rois est aussi l'ennemi des
républiques.)

Un palais sans cour et sans parc
Où végète un doge inutile.
Un peuple mou, faible, entiché
D'ignorance et de fourberie.

. . . .

. . . .

Voilà le portrait ébauché
De la très-noble seigneurie.

(Un sentiment d'invincible dégoût m'a contraint d'en
passer.)

Après les vers, la prose :

« On dit que la république entretient un apothicaire qui a
l'honneur d'être l'empoisonneur ordinaire de la sérénis-
sime, et qui donne parties égales de jusquiame, de cigüe et
d'opium aux mauvais plaisants, mais je n'en crois rien. »
(Au roi de Prusse, 1740.)

L'OMBRE.

Vraiment, cela révolte! — Tu vivais alors, reine illustre
de l'Adriatique, et, — si tu n'avais pas eu d'autres douleurs,
— tu n'aurais même pas eu à te consoler de ces insultes,
car on n'est sali que par la boue.

LE CRITIQUE.

Comme vous vous emportez! où m'enverrez-vous maintenant?

L'OMBRE.

Chez les Russes.

LE CRITIQUE.

Voltaire, en effet, a fait d'eux et de leurs gouvernants d'é-
tranges éloges.

« Ne remarquez-vous pas que les grandes leçons et les
grands exemples nous viennent du Nord? » (A d'Alembert,
1763.)

« Il faut qu'on tourne les yeux vers le nord ; le midi n'a
que des marionnettes barbares. » (A d'Alembert, 1766.)

« L'impératrice de Russie non-seulement établit la tolérance universelle dans ses États, mais elle envoie une armée
en Pologne, la première de cette espèce depuis que la terre
existe, — une armée de paix qui ne sert qu'à faire trembler
les persécuteurs. (*Sermon de Josias Rosette.*)

« L'exemple que donne l'impératrice de Russie est unique
dans ce monde. Elle a envoyé *quarante mille Russes prê-
cher la tolérance, la baïonnette au bout du fusil.* »

(A d'Alembert, 1767.)

L'OMBRE.

Ah! Voltaire, Voltaire! Vous qu'on offre à notre admiration comme le défenseur des opprimés, c'est ainsi que vous
sacrifiez la Pologne! malheur aux vaincus, n'est-ce pas?
Qu'on ne demande rien pour votre statue aux veuves et aux
orphelins de ce noble pays qui ne peuvent prendre le deuil,

aux exilés qui ne le quittent jamais sur la terre étrangère, aux condamnés qui meurent de froid et de misère en Sibérie. Vous avez exalté la tolérance russe, une tolérance armée de baïonnettes ! mais vous n'êtes pas le souverain juge, et toujours, quoi qu'on dise et qu'on fasse,

L'honneur reste aux martyrs, et la honte aux bourreaux !

Les Russes vous donneront.

LE CRITIQUE.

Les Russes ne donneront pas : il y a la contre-partie. « Si le roi de Pologne était sur le trône où il doit être, les Polonais pourraient alors se souvenir de ce qu'ils ont été, et contribuer à renvoyer les *ours moscovites* dans leurs forêts. » (Au roi de Prusse, 1750.)

L'OMBRE.

Et les Anglais ?

LE CRITIQUE.

Voltaire avait appris l'anglais pendant sa captivité à la Bastille, et, plus tard, il se réfugia en Angleterre. Il loue parfois les Anglais à outrance : Exemple : « Pour nous autres Anglais, *nous n'avons jamais attrapé personne.* » (*Dialogues.*) *Risum teneatis, amici !* Mais Voltaire a dit aussi : « Les Anglais n'entendent pas la *plaisanterie fine.* » (A d'Alembert, 1767.) — Et ce n'est pas là un compliment. — Il a dit : « En Angleterre, la religion n'est regardée par le Parlement que *comme une affaire de politique.* » (A d'Alembert, 1766.) — et c'est là une accusation très-grave contre le Parlement

anglais.—Voltaire a parlé de l'*énorme fumier* de Shakspeare,
et il s'est efforcé de rabaisser ce prince des tragiques anglais.
Voltaire a ridiculisé saint Georges, le patron de l'Angleterre.
Bref,.— et pour éviter tout extrait de ses œuvres relatif à la
question, — il avait eu souvent à se plaindre de la populace
anglaise, et voici le résumé adouci de ses impressions sur
nos voisins, tel que le donne le *Testament politique* : « L'Angleterre m'accueillit et me frappa ; j'y vis la licence fermen-
ter dans le sein des vapeurs noires. Rebuté de la somme du
mal, équipollente au moins à celle du bien, je quittai cette
terre mélangée, et je me bornai à emporter en contrebande
quelques-unes de ses maximes, pour les faire fructifier sur
un sol moins dévorant. »

L'OMBRE.

Passons donc à Genève.

LE CRITIQUE.

Oui, Voltaire fut presque le citoyen de Genève. Il avait, non
loin, une habitation enchanteresse, nommée par lui « *les
Délices.* » Les Génevois y venaient jouer avec lui la comédie.
Plus tard, Voltaire ouvrit à Ferney un asile à des Génevois
chassés par la misère, et fonda pour eux et beaucoup pour
lui, dans la capitale de ses domaines, une fabrique d'horlo-
gerie. Il signait volontiers : « Le Suisse Voltaire, le vieux
Suisse Voltaire ! »
Mais il reçut fort mal Messieurs du Conseil de Genève qui,
lui ayant présenté leur terrier, lui demandaient hommage-
lige pour un pré.
« Certainement, je leur ferai manger tout le foin du pré,

avant de leur faire hommage-lige. Ces gens-là me paraissent avoir plus de perruques que de cervelle. » (1766, au marquis de Florian.)

Mais il appelait Genève « la parvulissime, la pétitissime et très-pédantissime république de Genève. »

Mais il écrivait :

« Les prêtres hérétiques de Genève conspirent contre nous. Mes amis et moi nous les mènerons bon train. Ils boiront le calice jusqu'à la lie. » (1757, à d'Alembert.)

Et encore :

« Les Génevois ne disent point leur secret aux étrangers. Les agneaux que vous croyez tolérants seraient des loups, si on les laissait faire. (1757.)

Et encore :

« Fanatiques papistes, fanatiques calvinistes, tous sont pétris de la même boue détrempée de sang corrompu. Vous n'avez pas besoin de nos saintes exhortations pour soutenir la galle que vous avez donnée au troupeau de Genève. » (1757.)

Et encore :

« Venons aux faquins de Genève. Les successeurs du Picard qui fit brûler Servet, les prédicants qui sont aujourd'hui servétiens, se sont avisés de faire une cabale très-forte dans le *couvent de Genève, appelé ville,* contre leur concitoyens qui déshonoraient la religion de Calvin *et les mœurs des usuriers et des contrebandiers de Genève,* au point de venir quelquefois jouer *Alzire* et *Mérope* dans le château de Tourney, en France. » (1761.)

Et encore :

« Les Velches (les Français) valent encore mieux que les Génevois. Vous êtes un peu vengé à présent de ces *déistes honteux.* Les prêtres (de Genève) *sont dans la boue.* » (1765.)

Et encore :

« Je sais que vous dédaignerez le coassement des grenouilles du lac de Genève; mais elles se font entendre chez toutes les *grenouilles presbytériennes* de l'Europe, et il est bon de les écraser en passant. » (1766.)

Et encore :

« La moitié de la ville de Genève voudrait écraser l'autre, et les *deux moitiés sont bien basses et bien sottes.* » (1766.)

Et encore :

« Genève est une pétaudière ridicule. » (1766.)

Et voici le comble :

« Vous *seriez en droit* d'envoyer un jour, à l'amiable, une bonne garnison pour maintenir la paix, — et de faire de Genève une bonne place d'armes, quand vous aurez la guerre en Italie. » (1766, au duc de Choiseul.)

L'OMBRE.

Mais c'est le droit nouveau cela, dans tout ce qu'il a de plus immaculé! — Mettons Rome à la place de Genève, et vous devinez qui à la place du duc de Choiseul. Fomentons ensuite quelques troubles à Rome, — et tout sera dit! — Quelle pitié! — Sachons, en ce cas, nous borner à la France, et commençons par la tête et le cœur de la France, par la plus belle ville de l'univers, — Paris!

LE CRITIQUE.

La France et Paris! Je redoutais cette proposition; mais il y fallait venir! A quel supplice vous vouez froidement un infortuné! Commençons donc par Paris; la France entière aura trop tôt son tour.

Voltaire écrivait en 1754 :

« A Paris, ce n'est pas le bon qui plaît; c'est ce qui flatte le goût dominant. » (A M. d'Argental.)

En 1755 :

« Quels diables de vers! que de dureté et de barbarismes!

Si on se t... le d... avec eux on aurait des hémorroïdes.....
Est-il possible qu'on soit tombé si vite! Me voilà en Suisse,
et presque tout ce qu'on m'envoie *de Paris* me paraît fait
dans les *treize cantons.* » (A M. de Ximenès.)

En 1769 :

« Du moins je suis loin de la ville qui a vu la Saint-Bar-
thélemy, et qui court au *singe de Nicolet* et au *siège de
Calais!* » (A d'Alembert.)

Il avait écrit en 1760 :

> Paris, que veux-tu de moi ?
> Mon cœur n'est pas fait pour toi. (A M. d'Argental).

L'OMBRE.

Et pourtant son cœur y est?

LE CRITIQUE.

Sans doute, il a même été reçu solennellement à la Biblio-
thèque impériale par un ministre, né lui-même à Paris.

L'OMBRE.

Et pourquoi ne graverait-on pas ces deux beaux vers sur
l'étui qui le renferme?

> Paris, que veux-tu de moi ?
> Mon cœur n'est pas fait pour toi !

LE CRITIQUE.

Parce qu'une inscription plus drôle, toujours empruntée à
Voltaire, serait celle-ci, si on en voulait une :

« Votre Paris n'a pas le sens d'une oie. »

(1762, à M. d'Argental.)

L'OMBRE.

Et c'est à Paris que vous comptez élever la statue? Ayez au moins la pudeur de choisir quelque autre ville de France. — Mais au fait, j'ai lu dans Saint-Hyacinthe une merveilleuse tirade..

« Je n'ai jamais eu la bassesse de louer les nations étrangères aux dépens de la mienne, de prodiguer à leurs grands hommes des louanges, en déprimant ceux qui font honneur à la France. Je n'ai jamais fait de vers pour m'écrier en les finissant :

> Dieux! pourquoi mon pays n'est-il plus la patrie
> Et de la gloire et des talents ?

« Ah ! M. de Voltaire, si je voulais faire le portrait d'un *mauvais Français* qui *déshonore* les lettres et *sa patrie* (et en cela d'autant plus coupable qu'il aurait pu leur faire honneur) que cela me serait facile ! Je sais où en trouver l'original, vous le connaissez. » Témoignage d'un ennemi, m'objecterez-vous. Écoutez un biographe : « Nous ne connaissons pas d'auteur, — *même parmi les étrangers*, — qui ait dit plus de mal des Français que M. de Voltaire. Qu'on lise ses *Derniers Mélanges,* ses deux *Discours aux Velches*, ses dernières pièces de poésies, et l'on conviendra de la vérité de cette remarque. » Est-ce que vous en convenez, vous ?

LE CRITIQUE.

De plus en plus inexorable ! — Écoutez à votre tour :

« Notre nation ne mérite pas que vous daigniez raisonner beaucoup avec elle. » (1761, à d'Alembert.)

« N'oubliez pas de faire mes compliments à votre immortel confrère (Diderot); sans *vous deux*, et quelques-uns de nos amis, que resterait-il en France? » (1757, à d'Alembert.)

6

« S'il y a peu de Socrates en France, il y a trop d'Anitus et de Mélitus, et surtout trop de sots ; mais je veux faire comme Dieu qui pardonnait à Sodôme en faveur de *cinq* justes. » (1752. A d'Alembert.)

« Votre France est pleine de monstres de toute espèce. » (1757, à d'Alembert.)

« Une *douzaine* d'êtres pensants, à la tête desquels vous êtes, empêche que la France ne soit la *dernière* des nations. » (1763, à d'Alembert.)

« Le bon prêtre, auteur de la *Tolérance*, a dit aux Velches, nommés Francs et Français : Mes amis, soyez tolérants ; car César, qui *vous donna sur les oreilles*, était tolérant. Les *Anglais, qui vous ont toujours battus,* reconnaissaient depuis cent ans la nécessité de la tolérance..... Si les tigres et les loups de la Palestine se sont adoucis, je propose aux *singes, mes compatriotes,* de ne pas toujours mordre, et de se contenter de danser. » (1764, à d'Alembert.)

« L'abominable jansénisme triomphe de *notre ridicule nation.* A votre avis, que doivent faire les sages, quand ils sont environnés d'*insensés barbares ?* » (1768, à d'Alembert.)

« Auriez-vous lu un chant de la *Pucelle, dans lequel tout le monde est devenu fou ?*... Voilà précisément le cas de *vos* chers compatriotes, les Français. » (A d'Alembert 1764.)

« N'avez-vous pas un *souverain mépris* pour *votre* France, quand vous lisez l'Histoire grecque et romaine ? » (1764, à d'Alembert.)

« J'ignore si vous quitterez cette *nation de singes.* » (1765, à d'Alembert.)

« Les modes changent en France : C'était *autrefois* la mode de *faire des campagnes glorieuses,* d'être le modèle des autres nations. » (1762, à M. de Thibouville.)

« Je ne conçois pas comment des êtres pensants peuvent demeurer dans un pays *de singes* qui deviennent si souvent *tigres.* Pour moi, J'AI HONTE D'ÊTRE MÊME SUR LA FRONTIÈRE. » (1766, à d'Alembert.)

« Je mourrai bientôt, et ce sera en *détestant le pays des singes et des tigres,* où la folie de ma mère me fit naître il y a bientôt soixante et treize ans. Je vous demande en grâce d'écrire de votre encre au ROI DE PRUSSE, et de lui peindre tout avec votre pinceau. J'ai de *fortes raisons* pour QU'IL SACHE A QUEL POINT ON DOIT NOUS MÉPRISER. » (1766, à d'Alembert.)

L'OMBRE.

Vive le roi de Prusse ! A bas la France !

LE CRITIQUE.

Non pas ! — le correctif existe, — si c'en est un, — peu flatteur pour les autres nations.

« J'aime encore mieux être Français que Danois, Suédois, Polonais, Russe, Prussien ou Turc ; mais je veux être Français *solitaire,* Français *éloigné de Paris,* Français *suisse et libre.* » (1772, à d'Alembert.)

L'OMBRE.

Avec un château à créneaux pour lui-même et un pilori pour les autres. — Joignez à cela ses indignités contre notre armée, ses infamies contre Jeanne d'Arc, et — tout bien considéré — je maintiens qu'aucun vrai Français ne peut contribuer à l'érection de cette statue. — Et je vais immédiatement plus loin, afin d'abréger vos ennuis, je cite à mon tour :

« On doit être sûr du succès, quand on se moque gaiement de son prochain. »

« Portez-vous bien, éclairez et *méprisez le genre humain.* » (1757, à d'Alembert.)

« Je vous recommande beaucoup de courage et *beaucoup de mépris pour le genre humain.* » (1771, à d'Alembert.)

Qui donc paierait votre statue? *Qui la paiera?* Il suffit, pour ne pas souscrire, pour refuser son offrande, d'*être homme*, et d'*avoir le respect de l'homme*, le *respect de soi-même.*

Vous ne vous révoltez pas, et je n'en suis pas surpris. Je ne l'ai pas été davantage de vous entendre détailler tant de raisons qui militent contre votre idée. Vous m'avez presque constamment évité la peine de vous combattre. Par de simples questions ou des affirmations modérées, je vous ai amené à vous combattre vous-même. Votre érudition et votre bonne foi l'ont emporté. Croyez-moi, cher Monsieur, les premiers sentiments sont toujours les plus naturels. Le grand roi qui l'a dit un jour avec tant de grâce, n'était pas alors seulement spirituel, il était profond. Ne sortez pas de votre nature, vous. A mesure que l'esprit s'émancipera honnêtement et sérieusement dans notre pays, à mesure que la raison s'y affermira, la statue de Voltaire, à la face du ciel, et en place publique, deviendra de plus en plus absurde et impossible. N'étaient-ce pas là vos sentiments en 1852, vos premiers sentiments? Les *Études historiques, religieuses et littéraires* viennent de vous les rappeler. En ce temps-là, Voltaire était pour vous ce qu'il est: « Un homme dangereux, un fou méchant, un fourbe consommé, un faquin, un météore qui ne se conduit pas, un élément aveugle, un démon, un calomniateur et un menteur, un impudent, un imposteur, un hypocrite, un esprit furibond et sans droiture, un hardi falsificateur, un furieux, un ennemi passionné et acharné de la religion catholique, un parodiste et un bouffon, un orgueilleux insolent, un perpétuel et cruel contempteur de l'humanité, un écrivain de secte, de complot et de société secrète, qui érige le mensonge en principe, un comédien, un misérable, un capricieux sans foi ni loi. »

Comment se fait-il qu'aujourd'hui vous réclamiez pour lui une statue? Et, je vous le demande, à quel titre contribuerez-vous vous-même à l'érection de cette statue? Sera-ce comme académicien? comme philosophe? (ce ne pourrait être comme athée); comme catholique? comme journaliste? comme professeur de l'Université? comme sénateur et sujet fidèle d'un Empire? comme Français, comme homme ayant le respect de l'homme, et la conscience de sa propre dignité? Daignez répondre! quoi, vous gardez le silence!.....

Les oiseaux réveillés jasaient dans les haies vives et dans les arbres de mon jardin. Mille notes joyeuses s'envolaient tumultueusement des branches et des feuillages, et s'éparpillaient dans l'espace. La terre, — qui s'était détournée de son soleil pour le repos des vies, — y revenait pour leur résurrection. C'était une vraie fête, une fièvre indéfinissable, une activité pleine de frémissements et d'indescriptibles murmures qui m'atteignit moi-même tout à coup. Je me levai, et j'unis ma prière aux voix sans nombre qui, de la création aimante et reconnaissante, s'adressaient à l'invisible Créateur, et au Rédempteur de l'univers. Par ma fenêtre béante, la fraîcheur matinale s'engouffrait dans ma chambre. Je voulus me mettre au travail; mais j'étais distrait. Mon songe interrompu à l'endroit le plus piquant m'agitait et me préoccupait encore, et — ce qui m'arrive parfois — je n'en avais rien perdu, ni un détail, ni une syllabe.

Qu'auriez-vous répondu à l'Ombre, Monsieur? J'ouvre un livre, et je tombe précisément sur ce vers du seigneur de Ferney :

> J'ai des adorateurs, et n'ai pas un ami!

Ce fut un trait.... je n'ose dire de lumière; car je ne distinguais pas très-bien; mais enfin je voyais! vers sublime!

> J'ai des adorateurs, et n'ai pas un ami!

.... Tout juste comme les navets et les poireaux de l'Egypte....

Oh! sanctas gentes!...

Je ne voulus pas approfondir le mystère...

... Quibus hæc nascuntur in hortis
Numina!

Je propose que la statue soit érigée, si elle l'est, au milieu du Jardin d'acclimatation.

FIN.

Tours. Imp. MAZEREAU & Cie.

www.ingramcontent.com/pod-product-compliance
Lightning Source LLC
Chambersburg PA
CBHW070853280326
41934CB00008B/1426